VENTURAS Y DESVENTURAS DE UN TRABAJADOR AUTÓNOMO DE FINALES DEL SIGLO XX

Florentino Santos Barbero

A mis hijos: Floren y Paco

I
Vuelo sin paracaídas

¿Qué?, ¿Cómo?, ¿Cuándo?, ¿Dónde?, ¿Por qué? …

Esas son las preguntas que me vienen a la mente, al insistir mi Editor en que escriba, escriba, escriba…;

Pero si ya está todo dicho y a fuer de repetirme, no me queda ya materia gris o cerumen que no haya sido estrujado, no queda campo sin trillar, ni parcela que segar, tampoco recovecos sin escudriñar, así que a ello vamos, bajo un título un tanto estrambótico a la vez que largo, sugerido por mi Editor Jefe, no hay nada peor para un escritor que el débito dictatorial de quien le paga, aquí se terminan las libertades y queda sometido al albur del mismo.

El tal título sería así:

«VENTURAS Y DESVENTURAS
DE UN TRABAJADOR AUTÓNOMO
A FINALES DEL SIGLO XX»

Y A EMPEZAR… ¿Por dónde?, pues cuando los incalificables de mis jefes, después de 25 años dejándome, la sangre, el sudor, las lágrimas y mil y un cabreo, me pusieron de patitas en la calle, con 45 años, que pesaban como una losa en mi Curriculum para encontrar trabajo de nuevo.

Fueron días amargos, dolorosos, llenos de inquietud por el devenir de los míos, mi familia ya consolidada, con todas las bendiciones y parabienes, ahora se enfrentaban a una realidad muy distinta, a bailar en la cuerda floja.

Agotados todos los recursos habidos y por haber, con el fin de encontrar explicación a mi despido (improcedente) incluso los sindicales de CC.OO. y UGT, de la que servidor formaba parte como Delgado de UGT, me decían que ya podían ir vendiendo el negocio para indemnizarme, sí, sí, muy buenas palabras; pero

— ¡Una mierda!

Pasaron los días y ni una palabra, hasta que decidí coger el toro por los cuernos, me fui a Barcelona, en una noche inolvidable en un tren que tardaba un siglo en llegar, acompañado por mi mujer.

— En la salud y en la enfermedad, en la riqueza y en la pobreza, también en el paro, nos dijimos un día ya lejano.

Aquel viaje, en el que arrastré lo indecible, venciendo mi Ego, no saqué ni lana para una pelota, estaba decidido y no había nada más que añadir. Esa noche de tren inolvidable, con un calor sofocante de un mes de agosto, infinidad de bultos y maletas de toda índole ocupando los pasillos del vagón, interminables horas en las que mi pensamiento atenazante no dudaba en ponerme a prueba, mi preocupación prioritaria era la de someterme a cualquier propuesta, por descabellada que fuera, de mis "amos", antes que quedarme en situación tan precaria como es el paro.

Con el rabo entre las patas, decididamente opté por aceptar las condiciones que los miserables de mis jefes me proponían, condiciones inaceptables; pero en mi condición de entrado en años y ante los muchos desprecios que fui observando mediante entrevistas con empresas que otrora me habían ofrecido el oro y el moro, cuando y como yo quisiera, todo se había convertido en una quimera, donde antes había un puesto de mis características ahora ya no quedaba lugar, los proveedores de las distintas firmas, de las que yo era el Jefe de Compras, siempre me habían ofrecido tener sus puertas abiertas para si decidía trabajar con ellos, todo quedó en un extraño vacío, como si alguien hubiera propuesto hacerme boicot en caso de recurrir a ellos, no se me oculta que seguramente mis "cariñosos" jefes les habían advertido, si no amenazado, de que si me empleaban perderían las compras, muy importantes por cierto para ellos.

Con este panorama, la desolación se iba apoderando de mí, las esperanzas de encontrar trabajo se fueron disipando a medida que pulsaba mis contactos, en los que yo había creído, todo puro teatro, fui consciente de que me habían estado lo que vulgarmente se dice «haciendo la pelotilla» para que mis programaciones de compras fueran cada vez más sustanciosas.

Así pues, opté por lo fácil y en ese momento mi única esperanza, «El Paro». Jamás pensé me tocaría semejante lotería y he aquí que me había tocado no la pedrea sino el gordo.

Nunca había sentido, hasta entonces, la vergüenza de formar parte de esas "colas" para inscribirme en la lista del paro y al menos tener asegurado una cantidad mínima de dinero; pero menos da una piedra, me resistía a entender que mi modus vivendi había cambiado exponencialmente, esta expresión como la de:

— Mi vida ha dado un giro Copernicano, jamás pensé formaría parte de mi discurrir diario.

Acudí a mis más íntimos amigos y entendí perfectamente el dicho que mi querida y recordada suegra repetía:

— «Amigos no hay amigos, que el más amigo la pega, no hay más amigo que Dios y un duro en la faldriquera».

Solamente mi familia, ¡cómo no!, estuvo a la altura, todos los meses recibíamos un Giro Postal que nos ayudaba a ir tirando; pero Dios aprieta y no ahoga…

Una Ley, promulgada al efecto determinaba que aquel parado que presentara un Proyecto viable y fuera consensuado por quienes manejaban el cotarro, podrían recibir toda la prestación del Paro, de una sola vez.

Ante esta nueva perspectiva, me fui olvidando de buscar trabajo, demostrado que era misión imposible, decidí en consenso con mi familia, buscar un local, en principio de alquiler, y continuar con mi habitual tarea, tarea que por otra parte no me era ajena, 25 años de Encargado y Jefe de Almacén, habían dejado en mi persona las características y conocimientos suficientes para afrontar la creación de al menos mi futuro puesto de trabajo.

Con relación a mis anteriores explotadores, llegué a un consenso:

- Una cantidad de dinero en efectivo.
- La correspondiente liquidación.

– Y material que yo mismo enumeré, para empezar con una tienda hecha a mi medida.

Ellos aceptaron mi propuesta y aquí paz y después "GUERRA", era lo que me proponía, pensaba, ignorante de mí, que les quitaría los clientes, al menos de la zona donde pusiera mi nuevo negocio, sí, sí… Ya se encargaron ellos de bombardear mi intención, las visitas a los clientes se reforzaron, los repartos que eran esporádicos se hacían a diario y no dejaron aguja sin puntada, las puertas de mis futuros e hipotéticos clientes, se suponía me estaban vedadas…

Ahora mi interés estaba centrado en presentar el Proyecto y cobrar toda la Prestación por Desempleo de una sola vez, acompañada de algunas facilidades como facilitarme la condición de AUTÓNOMO, las seis primeras cuotas no había que abonarlas y alguna que otra "gracieta" por parte de la Administración, insuficientes para ser tenidas en cuenta.

Al realizar el Proyecto, pedían entre mil y un documentos, faltaría más, el lugar donde ubicar el negocio, metros, calle, permisos del Ayuntamiento, una Cuenta en un Banco y mil etcéteras. De lo que yo no tenía nada en concreto, lo que se llama «Partir de cero».

Lo primero, era buscar un local, con características tan especiales como:

– Una parte de almacén,
– Una parte de tienda,
– Otra importante de oficina,

Y lo más difícil, para rizar el rizo, un espacio de taller, porque mi idea era además de vender los materiales asignados, realizar, algo que nunca había llevado a término, mi trabajo era de todo menos de taller, pero a la fuerza ahorcan...

Localizar un local de semejantes hechuras, no era para nada fácil. Primero tuvimos que discernir en qué zona buscar, segundo que se acomodara a mis necesidades, y lo más importante el precio, toda vez que el dinero que cobraría no cubría ni la mitad del importe, en cualquier caso y como no teníamos otro trabajo, nos lanzamos calle por calle, mi mujer y yo, localizando locales, analizando su situación, y que no fuera de alquiler, eso lo tuvimos claro desde un principio, era mejor entramparse hasta las pestañas; porque considerábamos que un alquiler era un pozo sin fondo para el futuro.

Pasamos muchos días muy duros deambulando por las calles, mirando acá y acullá, sin nada que supusiera una esperanza para nuestro proyecto, el desánimo comenzaba a hacer mella en nosotros y eso que éramos conscientes de que la esperanza es lo último que se pierde, días largos, de cansancio, de incógnitas, de no saber por qué camino iniciar nuestra nueva vida, de carecer de toda esperanza...

Una montaña de papeles, la vida laboral, permisos de Ayuntamiento, locales más o menos apetecibles, algunos fuera totalmente de nuestro alcance, Boletín de Autónomos, alta en la Seguridad Social, libros de Actividad, todo lo fuimos recopilando y delegando en la Gestora, que llevaban todo lo relacionado con mi anterior empresa y que me atendieron debido a mi condición de antiguo empleado y me admitieron como cliente, quitándome la responsabilidad de gestionar todo lo oficialmente exigible para un nuevo negocio.

Aún quedaba lo más importante: "El Local".

Una mañana, como tantas otras nos lanzamos a la calle mi mujer y servidor, con el ánimo por los suelos, como queda dicho, pero como la necesidad obliga, lo interpretamos como una obligación, como un trabajo, tal vez para acallar las voces interiores que acusadoras nos recordaban en nuestro subconsciente, que algo habíamos hecho mal para encontrarnos en semejante tesitura. Desayunábamos donde nos coincidiera en nuestro afán por buscar el ansiado local, una quimera, a la hora de la comida nos conformábamos con un bocadillo, era hora de ir apretándonos el cinturón y conscientes de ello comenzábamos por nosotros, sin que a nuestros hijos le faltara de nada, colegios, material escolar, atuendos, etc. Que no se enteraran de la situación, era nuestro objetivo, el transcurrir del tiempo nos demostró que desde un principio fueron conscientes de la precaria situación que se presentaba en la familia, ello nos unió más como clan familiar y notamos la disposición de ellos para que contáramos con su ayuda en lo que fuera preciso.

En una estrecha calle, bajo un cierre de persiana, se encontraba un local que presentaba un letrero de "Se Vende" …

Tomamos nota del teléfono y pasó a formar parte de una interminable lista de locales en alquiler, en venta, traspaso y precios potencialmente prohibitivos, mucha oferta y poco donde elegir.

Otro día más de la búsqueda del sueño que cada vez se presentaba menos irrealizable e inalcanzable y por primera vez, por variar, llamamos por teléfono al último local descubierto en nuestras pesquisas, queríamos comprobar in situ, si reunía las condiciones que necesitábamos, qué lejos de las que en principio habíamos diseñados, se habían ido acomodando a la realidad de los hechos.

Concertamos una visita al local con el dueño del inmueble, queríamos conocer de primera mano, las condiciones de pago, las medidas y si se prestaba a nuestras necesidades y para ello nada mejor que girar una visita…

Lo mejor fue el recibimiento del dueño del local, la amabilidad y disposición para llegar a un acuerdo por su parte fueron totales, era un arquitecto que se dedicaba a reformar locales comerciales, dotándoles de lo necesario para no tener tropiezos, con licencias, agua, luz, teléfono, permiso de apertura y mil asuntos que a cualquier profano en la materia se le escapaban, lo que facilitaba aún más la transacción.

La subida de aquel cierre metálico dejaba ante nosotros, ¿Nuestro futuro?, ¿La solución a los problemas?, o ¿Tal vez el hundimiento moral definitivo?... El tiempo y la Providencia dirían…

Entramos con la inocencia de un niño, al ir por primera vez al colegio, era un local para comenzar con cualquier actividad, estaba dotado y decorado con todos los complementos necesarios para comenzar una nueva vida, un mostrador a la entrada se suponía estaba diseñado para una tienda, una segunda estancia para una pequeña oficina, con ventana al patio. Otro espacio con una puerta de acceso al patio de luces y su cuarto de baño, agua fría y caliente con un termo, una ventana que daba al patio interior, en definitiva bien podía ser una vivienda porque la sorpresa vino al entrar en la última de las estancias, un holgado salón con dos ventanas de tipo antiguo de medidas extra grandes que lindaban con un jardín un tanto abandonado, pero le daban una luz natural y ambiente saludable al ver el verdor de los árboles a tiro de piedra, el gorjeo de los pájaros y mucho espacio de frente sin edificar, lo que confería una tranquilidad alejada de ruidos, pese a una calle principal próxima a la edificación; pero separada por un patio de recreo de un colegio.

Nada que objetar, habíamos dado con la piedra filosofal. El local estaba hecho a la medida de nuestro proyecto, como si hubiéramos encargado el mismo a tal efecto, los techos altísimos a lo que se acostumbra a ver, las paredes terminadas en pintura gotéele, los suelos de baldosas antiguas formando filigranas simulando alfombras, luces de tubos fluorescentes, en fin, que mi mujer y servidor nos mirábamos diciendo interiormente: "Este es, este tiene que ser, nos va como anillo al dedo" y mil apreciaciones que en presencia del vendedor tratábamos de disimular, para que no viera nuestro entusiasmo y apretara más el precio.

Una vez visto el local, la sorpresa vino cuando el dueño nos dejaba la llave, para que en sus propias palabras:

— Podéis visitarlo, sin prisa, sin mi presencia, tomar las medidas y tranquilamente decidáis qué hacer, si quedaros con él o no, ya me lo haréis saber.

Esto nos desconcertó un tanto, que una persona a la que acabábamos de conocer nos diera este tipo de confianza, nos reafirmó aún más en nuestra convicción de haber dado finalmente con el asunto. No hizo falta más, una vez que concertamos el precio, estableciendo que la forma de pago se haría efectiva al cobrar el paro de una sola vez; eso sí, le dimos un talón con una señal de arras para reservar la compra, conforme con las condiciones, nuevamente nos dirigimos al local, pues la transacción por llamarlo de alguna forma la habíamos realizado en un bar próximo al domicilio del local, mi mujer y yo mismo respirábamos tranquilos, aunque nos enfrentábamos a un incierto futuro, en el que nos constaba deberíamos poner toda la carne en al asador, ya dentro de "nuestro" local, comenzamos a diseñar lo que sería la tienda y el taller, nos parecía despertar de una pesadilla, sin saber que teníamos por delante una labor en principio desconocida pero nos animaba la idea de haber dado el primer paso para conseguirlo.

Un día más, este bien distinto, fuimos a la oficina del vendedor y dueño de la tienda, formalizamos un precontrato, establecimos las pautas de pago, y se comprometió con nosotros a ayudarnos en todo lo que estuviera de su mano, experto en relaciones con oficinas y estamentos oficiales, tramitar toda la documentación para la apertura del negocio, del cual desconocíamos el papeleo enorme que hay que obtener para llevar a cabo estas «VENTURAS», luego vendrían las «DESVENTURAS» de las que a toro pasado, es hasta sangrante hablar y de las que daremos debida cuenta a su debido tiempo…

La disposición de nuestro amable vendedor, del que terminamos siendo amigos, hizo que nos explayáramos en nuestros comentarios y al preguntarnos qué tipo de negocio pretendíamos iniciar en el local, no porque le importara, sino más bien por si hubiera alguna traba con los vecinos de la casa y él pudiera mediar en cualquier caso si el asunto así lo requiriera, conocía de antemano la idiosincrasia vecinal y estaba seguro que alguien por sistema protestaría, por ruidos, olores o algo semejante. Era de agradecer sin duda que quisiera inmiscuirse con la idea de ayudarnos, pues creo nos veía un tanto novicios en estas lides de iniciar un negocio, mis dudas se disiparon cuando comprendía que sus intenciones no eran solo asegurarse el cobro, algo por otra parte muy oportuno, sino que realmente estaba encantado de echarnos una mano, cuando al comentarle que nuestro negocio era poner una tienda-taller de zapatería, que en el barrio no tenía mucha presencia, nos animaba diciendo que su padre era un mandamás en la Jefatura del Ejército y que tal vez, hablaría con él de la tienda, por si podía establecer contacto para el arreglo y suministros de calzado en el Cuartel, aunque fuera a nivel secundario, es decir como servicio adicional a lo que ya tenían.

Todo estaba resultando providencial, el local, las facilidades en el pago, la posible relación comercial con un sitio oficial, para empezar se me antojaba que estaba resultando todo como miel sobre hojuelas, pero quedaba mucho camino por delante, vendrían los sinsabores, las incertidumbres, el pesimismo, y éramos muy conscientes de ello.

Pero no siempre dos y dos son cuatro, ahora quedaba que aprobaran mi proyecto presentado con todos los requisitos pertinentes al efecto, ya podía dar la dirección del local, sus características, la actividad a desarrollar, las perspectivas de ventas y minucias que teníamos que aportar, al fin y al cabo, para que nos dieran lo nuestro, ningún favor al respecto, sólo justicia…

Se personó un Agente en el local para dar la aprobación o no a la apertura del negocio, nos fue dado un permiso provisional de actividad, que se retrasó en el tiempo y nunca fue definitivo, ya disponíamos de licencia para empezar a entramparnos hasta las cejas, a la Administración nada le importaba si nos iba bien o mal, allá nosotros con nuestras quimeras, el cumplimiento de las Ordenanzas Municipales para este tipo de actividades estaban establecidas y no cabía excepciones, nos hicieron proveernos de un extintor, que nunca tuvimos que usar, pero era preceptivo y pasó por alto el señor Agente que el local no disponía de salidas de humos y puerta de socorro en caso de evacuar el local, a mí me hacía maldita la gracia que para un local de 60 metros cuadrados se exigiera tanto requisito, por ello descubrí que ser Autónomo, además de ser una heroicidad era transitar por una maraña de Leyes, Edictos, Normativas y trampas que con el tiempo iría descubriendo muy a mi pesar.

II
Las desventuras

Establecidos, afincados, vencidos los primeros miedos, lanzada una campaña de información a nivel de barrio, los clientes, con cuentagotas, iban llegando a la tienda, unos movidos por la curiosidad de saber qué se cocía y se había puesto en una tienda de dimensiones tan pequeñas, donde unas estanterías hasta el techo estaban repletas de cajas de zapatos, diferentes modelos y números, a un lado de Caballeros y al otro de Señoras, otros acudían para consultar si podían traer sus zapatos a reparar, y los más pasaban por la tienda sin prestar más atención que la novedosa apertura de un local más del barrio... En un expositorcito había artículos de limpieza del calzado, tintes, betunes, cordones, plantillas y un sinfín de atractivos útiles relacionados con los cuidados del pie.

Futuro más que incierto, no queríamos ser presa de un despropósito, ni pensar que nos habíamos equivocado, éramos sabedores de que los negocios hasta que arrancan cuestan y lo estábamos sufriendo en nuestras propias carnes, días sin que encontráramos motivos para continuar y que como preguntaba mi cuñado:

— ¿Rula el cajón o no rula...?

A eso todavía no podíamos responder, el tiempo haría su trabajo, nosotros el nuestro.

Días en blanco, días sin esperanzas, días en los que nos planteábamos abandonar, nos negábamos a admitir que nos habíamos equivocado, ya empezaban las «DESVENTURAS»; pero nunca fue fácil la victoria, se puede perder una batalla, pero no por ello la guerra...

Siempre se dice que la esperanza es lo último que se pierde y un hecho fue a dar respuesta a este axioma, una llamada (providencial) del antiguo dueño del local, cumpliendo una de las promesas que nos había dado, vino a corroborar que hay gente, más de la que nos pueda parecer, que cumple con la palabra dada, me comunicaba me había concertado una entrevista con su padre con el fin de ver si podía establecer relaciones profesionales con nosotros, el cielo se abría ante mí, todo el día suspirando en espera de clientes y ahora se me presentaba sorpresivamente la posibilidad de encontrar un agujero por dónde meter la cabeza, establecí contacto, concerté hora y día para ser recibido por tan alto mando en el Ejército y me parecía un sueño poder llegar tan fácilmente hasta su persona... yo, un personajillo de andar por casa. Sólo podía ofrecerle mis servicios y a un nivel muy artesano, casero o como quisiéramos llamarlo.

Mi llegada al Cuartel, estuvo lleno de novedades y sorpresas para quien como servidor, nunca había tenido la necesidad de pisar un Centro Militar, tan siquiera hube de cumplir con la obligación de la famosa "Mili", para mi desgracia, me libre alegando ser hijo de viuda pobre, por lo que se entendía que la participación en la economía familiar era de necesario cumplimiento, pese a que en mi caso mi colaboración económica nunca fue determinante para la buena marcha de mi familia.

En una pequeña oficina, más bien una garita, tuve que identificarme, señalar el motivo de mi visita, persona con la que me iba a entrevistar, cita previa y mil mandangas que a mí se me antojaban eran piedras en el camino, con el fin de no facilitar este tipo de visitas, me pusieron una etiqueta con un "V", digo yo que de visitante, aunque me recordaba una serie de televisión de aquel entonces, de éxito (V invasión extraterrestre).

Un número, como se llamaba a un militar de turno, me acompañó por las amplísimas dependencias del Cuartel, largos pasillos, amplias escaleras, gente de aquí para allá, unas innumerables oficinas o despachos acristalados donde el tecleo de las máquinas era el único sonido apreciable, hasta llegar al despacho del gran Jefe, mi acompañante llamó una sola vez a la puerta y cuadrándose con un taconazo ante el Jefe, dijo:

— Con su permiso, mi comandante… Ante lo cual, el Jefe pasando de formalidades, dijo:

— Adelante

No hizo falta presentaciones, dirigiéndose a mí y estrechando mi mano, me hizo saber de mi esperada visita que por mediación de su hijo me había concedido.

Me pareció una persona sencilla, a pesar de su alta graduación, vestido de paisano, de aspecto afable, fino trato, vestido con una elegancia británica, su americana con unos parches de refuerzo a la altura de los codos, más que nada digo yo, decorativo, una corbata a tono con su atuendo; en definitiva, me causaba una gran confianza en el trato para nada autoritario, incluso con sus subordinados.

Mandó me sentara, y antes de dirigirme palabra alguna llamó por un interfono a un Capitán, que de forma inmediata se presentó en el despacho, éste cuando llegó también se cuadró ante él, por lo que deduje con quien me estaba entrevistando, cuál era su mando y la capacidad para dar órdenes concisas y concretas. Acto seguido y dirigiéndose al Capitán le dijo:

— Mira, este chico ha puesto una tienda y taller de reparación de zapatería y enseres de calzado, mira si puedes encargarle algún trabajo sobre todo en lo relacionado con el mantenimiento de correajes, reparación de calzado y lo que tenga que ver con el suministro menor de este tipo de aprovisionamiento. Ponle al día de cómo se llevan a cabo las compras por nuestra parte y los pasos para ello, llévalo a tus dependencias y allí lo hablas con él.

Yo no sabía cómo entender aquello, si era quitarse el muerto de encima, o más bien se trataba de una orden sin paliativos al Capitán para poner en marcha una relación comercial en toda regla.

En el despacho del Capitán, en el que había varios funcionarios trabajando en mesas separadas y una señorita vestida de militar escribiendo sin cesar en una máquina, me dijo muy amablemente tomara asiento frente a su mesa de despacho, repleta de carpetas, folios y algún que otro libro de cuentas. Comenzó preguntándome qué tipo de negocio era el mío por el que se había tomado interés su Jefe Superior a lo cual muy explícitamente le informe:

— Mi pequeño negocio, quiere ser un taller de zapatería a pequeña escala, en él vamos a reparar todo tipo de calzado, venta de modelos nuevos y pretende dar servicio a la población colindante sin más pretensiones.

Me puso en antecedentes sobre el funcionamiento de sus proveedores; había una serie de requisitos (¡Cómo no!) y empecé a intuir la que se me venía encima, me dijo que tenía que presentar un Certificado de mi situación con Hacienda, pues al ser un Organismo Oficial, había que demostrar estar al día con las cuentas públicas, me advertía que las compras que realizaran en mi tienda, se cobrarían seguro, pero no a corto plazo sino después de una aprobación y revisión de las mismas por parte de los gestores, facturas por duplicado, albaranes de compra con la firma del receptor y una serie de requisitos menores, que para mí eran notorios y novedosos.

El Capitán, para no ser menos, mandó llamar al Sargento me fue presentado y yo fui presentado, le dio instrucciones al respecto, le puso en antecedentes de cuándo, cómo sería mi actuación y el Sargento, que debía ser veterano, entendió perfectamente cuál sería mi función dentro del organigrama del Cuartel.

Con todo, a mí me pareció un privilegio, que dado mi pequeño negocio alguien se hubiera fijado en nosotros para nada menos que ser proveedores de algo, de una Institución del Estado, una vez más la Providencia en la que teníamos una fe ciega, venía a darnos un respiro.

Costaba mucho acostumbrase a la nueva modalidad, los horarios nos habían trastocado nuestra vida, para mi mujer estaba la peor parte, además de tener que realizar las labores normales de la casa, estaba el preparar la comida del día siguiente, la cena al llegar a casa, y estar todo el día haciéndome compañía, cuando no a llevar los diferentes encargos que ya empezaban a ser frecuentes. Un cambio que fuimos asumiendo poco a poco y a medida que los encargos sobre todo de taller estaban siendo más frecuentes.

Una mañana sorprendentemente, nada más abrir la tienda, apareció en la puerta un jeep militar con dos números: un sargento y un cabo; salieron con un cajón abultado que entre dos de ellos portaban, entrando en la tienda previo saludos:

— Buenos días, traemos una serie de correajes y aperos de caballos para ser reparados. Nos han dicho que los trajéramos aquí.

— Muchas gracias, les dije.

Nada más irse los militares de la tienda, me lancé al objeto de deseo, mi trabajo, encontré un montón de correajes, bocados de caballos, artísticos repujados en una silla de montura, unos leggins con hebillas sueltas, par de botas de caña alta con descosidos en un lateral y varios enseres del cuerpo de guardia, cartucheras, fundas de pistola, todas con alguna pequeña avería sobre todo descosidos.

Me llenó de satisfacción pensar que confiaban en mi buen hacer y para ser el primer encargo me pareció más que suficiente, era el momento de poner toda la carne en el asador y quedar bien ante quienes depositaban en mi persona el arreglo de estas prendas.

Todas presentaban un impecable brillo, se notaba habían pasado por un tratamiento, si no personalizado, sí muy cuidadoso y por manos expertas en el cuidado de este tipo de enseres. Quise hacer un buen trabajo para dar una buena impresión; pero necesitaba una máquina de coser que no estaba a mi alcance, hablé con un representante del gremio que me suministraba materiales para mi negocio, le pedí presupuesto de una máquina de coser y me dijo que hacía unos días un jubilado le había encargado si podía vender las máquinas que ya no iba a usar y a bajo precio, antes de que se oxidaran por falta de uso, llegamos a un acuerdo en el precio, para mí asequible y me trajo junto con la máquina, una lijadora bruñidora y algunas herramientas estas sin coste alguno, los trabajos ya no presentaban sólo una reparación manual, ahora tenían el acabado en sus costuras de un profesional, apenas podía distinguirse la reparación efectuada, era un buen trabajo.

La tienda funcionaba en cuanto a ventas al público medianamente, pese a disponer de modelos de tan reconocidas firmas como Fluchos, Callaghan, Kiowas, Pitillos y otras primeras marcas, tanto para mujer como caballero, el Barrio no era consumidor especialmente de marcas, sin embargo en ocasiones puntuales, como Navidad, Año Nuevo, Reyes y Comuniones y Bodas, se incrementaba la venta de estos apreciados artículos, si bien la fuente principal de nuestros ingresos estaba en las labores de taller, suelas, tacones, cosidos, etc.

Echando la vista atrás, se me antojaba haber dado un paso de gigante, ahora ya no nos preocupaba tanto como cuando nos tocaba estar todo el día de brazos cruzados, el trabajo iba in crescendo y nuestros apuros económicos se estaban subsanando gracias a Dios.

A mí no se me ocultaba que había tenido una mano providencial, sobre todo en lo referente a encargos del Cuartel, me había caído de la nada un cliente que daba continuidad a sus encargos, algo que me situaba dentro de una realidad soñada, aunque me quedaba la duda de si los precios que estaba aplicando a mi trabajo se quedaban cortos, con lo cual no se apreciaría mi labor, o por el contrario estaban por encima de lo políticamente correcto y se podía pensar en este caso que yo había entendido que en los Organismos Oficiales se tiraba con pólvora del Rey y nadie se tomaba el trabajo de comprobar y contrastar precios de las facturas.

A propósito le comenté al soldado que tenía la misión de traer y llevar las prendas reparadas, si estaba en línea de precios o había alguna queja o duda al respecto y me corroboraba la completa satisfacción del Sargento de Intendencia, responsable de los asuntos de suministro y que poco a poco había ido desapareciendo del almacén un inmenso montón de piezas, algunas semi nuevas y las más en estado de buena conservación, que la jubilación de los dos funcionarios encargados del mantenimiento de este tipo de accesorios, habían producido el amontonamiento a la espera de un buen día deshacerse de ellas mediante un concurso subasta para quienes estuvieran interesados, generalmente eran profesionales con tiendas en el Rastro madrileño quienes optaban por estos lotes muy sustanciosos para ellos. El Sargento había comentado con sus jefes superiores el buen hacer de nuestra tienda y uno de los jefazos de turno había enviado unas botas altas con las suelas y tacones desgastadas, aunque conservaban un brillo que parecían nuevas, el furriel hacía bien su trabajo, y decía que cuando las recibió quedó muy satisfecho con la reparación realizada, suelas de fino tafilete, tacones también de cuero, que más bien parecían salidas de fábrica.

Todos estos gestos que de vez en cuando los clientes me hacían saber, me llenaban de satisfacción y me situaban en el sitio que siempre había deseado, nada de renombres, pero sí la apreciación del trabajo bien hecho, tal vez sin vocación, pero una vez decidido a ello ponía todo el empeño y el alma por conseguirlo.

Me acordaba constantemente, cuando veía por la televisión el crecimiento de número de personas del paro, las innumerables filas de afectados, algunos con una edad por la que seguramente al terminar la prestación, se verían abocados poco menos que a la mendicidad, sentía verdadera lástima al recordar mis propias "desventuras" pasadas, presentes y puede que futuras, siempre la espada de

Damocles sobre mi cabeza, ahora me iba bien, pero ¿y mañana? Sólo Dios lo sabe.

Todas estas reflexiones me hacían estar pisando el suelo, hacía mucho que tan siquiera nos habíamos permitido vacaciones y tal vez fuera hora de buscar unos días de asueto, por mi mujer que la pobre no merecía semejante injusticia, además de atender los asuntos del hogar, se encargaba de los cobros y atención al público también algunas otras funciones mientras yo realizaba los trabajos de taller, al parecer las cosas marchaban dentro de lo previsto, el primer año fue muy duro y ya había quedado en el olvido, las cosas eran muy diferentes, los proveedores como mi antigua empresa cobraban puntualmente sus factura y nuestro prestigio en cuanto a los pagos era notorio.

Cuando volvía la vista atrás, me parecía un tanto milagroso, o un mucho, ver la tienda abastecida de género no en depósito como me habían sugerido más de una ocasión, sino pagado religiosamente, el taller montado con máquinas que jamás hubiera podido soñar, los clientes suficientes para ser bien atendidos y lo que llamábamos "chollo", nuestro principal cliente, el Ejército, que nos aseguraba un cobro mensual suficiente para subsistir y mucho más, sólo podía dar gracias a las alturas por el regalo inmerecido que estaba disfrutando, atrás quedaban las noches en blanco, las incertidumbres que habían vuelto mi carácter taciturno, la desesperanza al ver cómo pasaban los días, semanas, meses y "el cajón no rulaba", sin embargo siempre estábamos en guardia, de la noche a la mañana todo podía cambiar.

La sociedad en general había sufrido un cambio en su manera y forma de de vida, que había traído consecuencias inimaginables, ya nadie arreglaba o reciclaba nada se había establecido como norma general lo de comprar, usar y tirar, consumir, cambiar de coche cada poco, vivir al día, pedir créditos incluso para ir de vacaciones, el futuro era tan incierto que las gentes solo pensaban en el día a día, todo ello había traído consigo el cierre de los pequeños comercios tan característicos en los barrios, los talleres, tiendas, locales de precaria situación se habían visto abocados al cierre, al traspaso o a la venta acelerada, para poder al menos asegurase la supervivencia, los gastos de luz, teléfono, alquileres, comunidad, impuestos, etc. Habían dado al traste con pequeñas empresas familiares que abandonaban el campo de sus actividades debido a la feroz competencia de las grandes superficies, los fabricantes se habían visto obligados a realizar ofertas jamás soñadas, los descuentos y liquidaciones estaban al cabo del día y algunos se aprovechaban de: "A río revuelto..." lo que significaba la ruina para muchas pequeñas y medianas empresas, sobre todo de tipo familiar en las que trabajaban padres e hijos, la ruleta de la fortuna había creado una caterva de parados de toda condición, ya nadie se sentía seguro, mañana podría sucederle a cualquiera lo que estaba viendo en el vecino, por la calle los cierres metálicos pintarrajeados de grafitis daban una idea de abandono y de haber arrojado la toalla.

Ante este panorama, nos sentíamos afortunados, nuestra edad ya muy cercana a la jubilación aseguraba la supervivencia, olvidados los días pasados de "Venturas y Desventuras", tratábamos de asimilar nuestra condición de humildes trabajadores, nuestras aspiraciones tanto profesionales como personales estaban más o menos satisfechas, para ello habíamos luchado lo indecible, nunca nos rendimos aunque a veces motivos no faltaban y hoy oteando nuestro horizonte no tan lejano, podíamos asegurar haber superado satisfactoriamente la prueba y - me atrevo a decir - con nota.

III

El tiempo pone las cosas en su sitio

Llegados a este punto, quiero relatar algo que sucedió, un día cualquiera, en una mañana cualquiera, un día lluvioso, triste, cuando a poco que te descuides eres presa de una melancolía que no sabrías explicar el motivo por el que sucede este estado de ánimo, el tiempo tampoco invitaba a que los clientes acudieran a traer sus encargos, era un compás de espera incluso en las labores de taller, no había premura en la entrega de los encargos, de hecho la estantería donde se colocaban los trabajos terminados con la etiqueta numerada que correspondía a la entregada al cliente, en la que estaba fijado el precio a cobrar, se encontraba prácticamente llena a la espera de que se produjera la entrega.

Pues bien, un vehículo con sus dos ocupantes paraba en la puerta de la tienda, del mismo se apeaba el acompañante del conductor, con dificultad, pues una enfermedad que yo conocía en esa persona le había dejado semi paralítico en su niñez, se trataba de mi antiguo jefe, de uno de ellos, pues eran dos socios, el que ahora me visitaba era el más activo, el profesional, el otro más bien era un inversor en la empresa y su dedicación especial era atender las demandas de una Notaría de la que era titular, en Elda, capital del calzado, de ahí la empresa montada al efecto en Madrid.

Quedé impresionado al recibir semejante e inesperada visita, desde hacía al menos dos años no había tenido el desagradable placer de verles la cara a ninguno de ambos individuos, mi cara debía ser todo un poema, pues tanto mi visitante como servidor, expresábamos una ¿Sorpresa? ¿Dudas? ¿Y esto…a qué viene? ¿Qué cuento le traerá por aquí? ¿De cuándo a mí, semejante honor?, creo que mis cuentas se encuentran al día, nada les debo, por tanto, no encuentro explicación posible a esta visita. ¿Qué traerá este pájaro en la cabeza?...

Una vez los protocolarios saludos, sin apenas cruzar nuestras miradas, nos internamos en mi pequeña oficina, esta vez servidor en el sillón de preferencia, quién me lo iba a decir hacía unos años, siempre era al contrario el jefe en el sillón principal y yo frente a él en una silla, minimizando así mi presencia y destacando la suya.

Entrando en harina, me empezó diciendo:

— Bueno, se estará preguntando, a qué se debe mi visita.

— Debo decirle en primer lugar que me alegro infinitamente de que le vaya bien en su negocio, sólo hay que ver lo ordenada y limpia que se encuentra su tienda, nunca tuve la menor duda de que era usted muy capaz de salir adelante, y el tiempo me ha dado la razón.

Yo por mi parte, me estaba retorciendo; pero me había prometido ser respetuoso con él, tratarle con elegancia, cosa que tanto él como su socio jamás tuvieron conmigo y esperando que su visita fuera breve una vez me hubiera percatado del motivo de esta.

— Mire, me dijo: Hemos pensado que tal vez pudiera interesarle una propuesta que hemos meditado muy intensamente y que vengo a proponérsela y saber su opinión al respecto…

— Se trata de crear una serie de tiendas, esta sería la Tienda Piloto, en distintos puntos de Madrid, con la idea de llevar a cabo la labor que con tanto éxito usted ha logrado, las condiciones en principio serían al 50% y una vez usted haya fijado sus condiciones o conformidad, llevaríamos adelante el proyecto.

Servidor, cariacontecido por semejante propuesta y no dejándome llevar por mi natural estado de sinceridad, característica muy marcada en mi persona, tragando saliva le dije:

— Verá, no sé si mi interés en el asunto va a merecer su visita, por el momento y si me lo permite, he de consensuar con mi familia la propuesta, que no le digo sea de mi agrado o desagrado. Tal vez, hace algún tiempo me hubiera venido como anillo al dedo; pero en estos momentos, francamente, mi interés está en otros asuntos. Así pues, no puedo por el momento decirle más que estudiaremos la cuestión como corresponde y tendrá oportuna respuesta.

Me levanté invitándole a que hiciera otro tanto. Seguramente él esperaba dilatarse en el tiempo si yo le hubiera concedido explayarse con detalles, lo que indicaba mi poco o ningún interés a priori sobre el particular.

No quise tener la delicadeza de enseñarle el resto de mis dependencias, sobre todo el taller, que seguramente sería lo que más le hubiera gustado conocer, a la vista de su proyecto de montar tiendas con taller como había insinuado. Me despedí cortésmente de él, aunque con una frialdad rayando la indiferencia, y me quedó un poso de ¿Amargura? ¿Venganza?, no sabría decir, pero sí un estado inexplicable como de cabreo por la puñetera visita que vino a alterar mi vida un tanto ya organizada y tranquila, ¡Ojalá no hubiera venido!...

Cuando comenté mi entrevista con mi mujer, me dijo tajantemente:

— ¿No te habrás dejado liar por él?, que ya tenemos bastante experiencia con el pasado, como para volver a tropezar dos veces en la misma piedra.

Yo respondí que para nada, que me daba lo mismo su visita, que sentía una pena por su persona, de quien tenía formada una opinión favorable. Pese al hecho de mi despido, era un hombre hecho a sí mismo a pesar de su discapacidad. Había logrado metas que muy pocas personas consiguen; y, sin embargo, le cegaba su afán por conseguir más y más. El ansia por poseer, por dominar, por mandar le perdían; y no se me ocultaba que, aún poseyendo más de lo necesario, la fiebre por acumular riqueza y poder le perdían. No era feliz.

También me entristecía ver que cada día colegas de mi gremio, ponían sus pertenencias en ofertas tentadoras, traspasos de locales de muy superiores características que el nuestro, ventas como de última hora, rápidas para no dar lugar al arrepentimiento, cierres de la noche a la mañana, quiebras de establecimientos que insospechadamente ponían el letrero de cerrado y causaba auténtica conmoción y pánico a los pocos supervivientes que íbamos a contracorriente. Alguna vez recibimos por parte de algún taller de semejante factura al nuestro, la oportunidad de adquirirlo aún pagándolo a plazos o con las condiciones que quisiéramos poner, nunca quise aprovecharme de un árbol caído y no lo iba a hacer ahora, aparte teníamos grabado a fuego aquel adagio de: "Quien mucho abarca, poco aprieta", y nuestro éxito estaba asegurado gracias a la conformidad de cómo se estaban desarrollando las cosas, aspirar a más sería caer en lo mismo que comentábamos de nuestro anterior jefe: tan pobre, que sólo tenía dinero.

La alteración de nuestro discurrir diario, no se vio entorpecido con esta inesperada e insulsa visita, que para nada cambió nuestro modus vivendi, pasó como una nube en día claro, el viento positivo borró de nuestra memoria la visita que para nada debió de llevarse a cabo, era como haber echado agua en un cesto, al fin y al cabo venía a darme la razón de que mi despido no fue lo suficientemente meditado, si no… ¿a son de qué esta propuesta de sociedad a una persona condenada al ostracismo?

Pasajes como el anterior, son difíciles de olvidar y mucho más de interpretar, se daban todas las condiciones favorables, a mi entender, como para llevar a efecto semejante propuesta, y dicho esto, no pienso dedicar ni una sola página al asunto, así que aquí paz y después gloria.

A veces me paro a pensar en mi situación, dentro del Barrio así como de la tienda, y realmente creo haber encontrado ese agujero que quienes necesitamos imperiosamente meter nuestra cabeza por algún sitio para salir adelante en la vorágine de nuestra vida, no resulta para nada fácil encontrar, todos buscamos , pero resulta paradójico que no todo el mundo encuentra, quienes buscan encuentran, pero para lograrlo hay que tener mucho de esperanza, paciencia y un tesón a prueba, tal vez apearse de sueños irrealizables, conformarse con lo que la vida nos pone a nuestro alcance, medir nuestras posibilidades, no pretender conquistar el mundo y desde esa humildad acompañada siempre del reconocimiento que nos es dado gratuitamente en mor de lo que se ha dado en llamar la suerte del destino, hacer patente mediante nuestro esfuerzo permanente, honor a ese regalo a nuestro alcance.

Creo que todo ser con capacidad para comprender estos principios, está obligado por ley natural a responder afirmativamente a esta llamada y esforzarse al máximo, no con anteojeras, sino con el personal conocimiento que la vida nos ha ido dejando como un poso que llamamos experiencia.

Y después de esta disertación filosófica, vuelvo a tomar tierra para reconocer la idiosincrasia de mi Barrio, situado en el Noroeste de la capital, a los pies de las sierras mal llamadas pobre y rica, como se les denomina a Guadarrama (rica) Mirasierra (pobre), en el distrito de Moncloa-Aravaca,

Sobre un elevado promontorio dentro del Norte de la capital, en una calle donde la transformación social y económica ha ido cambiando su fisonomía física, donde antes había una pescadería hoy se ha convertido en un negocio chino, la librería transformada en un locutorio, la tienda de comestibles y ultramarinos de siempre, ahora es una "bareto" de dudosa actividad, la panadería de toda la vida ahora resulta ser en un Centro de Lavado Automático, con unas maquinas lavadoras tipo industrial esperando tragarse la colada de una semana en apenas unos minutos y por unas pocas monedas.

Han desaparecido las tiendas emblemáticas de toda la vida para convertirse en oficinas de alquileres y ventas de viviendas, el Cine del Barrio es un Supermercado en el que ya no está el señor Pepe, que te envolvía las lentejas en un cucurucho de papel de estraza, ahora tu recorres las infinitas estanterías y te sirves aunque cuando llegues a casa te des cuenta que no es lo que precisabas y mucho menos lo que te apetecía comer ese día, el cajero o cajera de turno, solo sabe cobrar, para eso está, no le preguntes por dónde se encuentra tal o cual producto que de inmediato te remite a Información y allá tú…

Ya nadie sabe de nadie, ahora los vecinos van y vienen como las olas del mar en la playa, hoy ves a gente conocida de siempre y mañana, no se sabe por qué razón, jamás vuelves a cruzarte con alguno de ellos.

Las porteras y porteros que informaban del devenir del barrio, que te tenían al corriente de cualquier novedad de fulanito y fulanita, que te ponían al día del hijo o hija de la Señora Juana, sí, la del portal del 9, Cuarto - Izquierda, que se ha fugado con el novio; y los dimes y diretes de la vida de la calle han sido sustituidos por unas regletas con botoneras indicando los diferentes pisos a los que cualquiera con pretexto o sin él, pide ser atendido, el brutal cambio que ha traído inseguridades a los vecinos, cualquier persona con aviesas intenciones o no, pulsa un botón al azar e inmediatamente se le abre el portal a su disposición, así aparecen los buzones llenos de publicidad, cuando no se personan en tu propio domicilio agentes de ventas de pisos, electrodomésticos, empresas eléctricas y mil ofertas que tú nunca pediste te fueran ofrecidas.

El cambio ha sido brutal, la confianza en el otro ha desaparecido, ya cada cual en su caparazón individual y cuantas menos charlas mejor, a veces hasta con el vecino de enfrente se toman precauciones, porque hoy está una determinada familia y mañana vienen unos extranjeros de alquiler o una caterva de estudiantes.

La calle se ha convertido exclusivamente en un lugar de paso, la costumbre de tomar el vermut con los amigos ya no es posible, los mostradores de estos "nuevos" locales que antaño eran el soporte físico y moral de quienes asiduamente acudían a corroblas y tertulias, auténticos templos de costumbres y formas de vida, ha desaparecido, han sido sustituidos por mesitas o veladores casi para un sólo individuo, ahora cada cual en su casa y Dios en la de todos.

Algunos recuerdan con nostalgia y con justificada tristeza, cuando no cabreo, la desaparición de esa pátina que el tiempo había ido permeabilizando y sellando costumbres y formas de vida hoy por desgracia inexistentes en la vida del Barrio, ya nada es lo que fue comentan los mayores de la calle, en cualquier momento te sentías arropado, dicen otros, hoy te caes en la calle y pasan a tu lado impertérritos hablado con sus móviles con los inalámbricos calados no sólo en sus orejas sino en sus cerebros y allá cada cual...

Pero el reconocimiento de esta situación, solamente es apreciada por cuatro nostálgicos que poco a poco, debido a la edad, va desapareciendo del mapa vecinal, hoy priva más la novedad del nuevo Centro Comercial, de la nueva tienda de Telefonía Móvil, del Pub o Bar de copas, que no es tal sino un tugurio donde vaya usted a saber que se cuece en su interior y si desaparece una Sala de Fiestas en la que tocaban orquestas con música en directo, con un o una Vocalista que también se llamaba Animadora, frente a una pista de baile en la que los bailones de turno lucían sus artes, encandilando al personal, pues hoy resulta de un aburrido mayúsculo difícil de asimilar por esta nueva ola, que se encuentra por encima de cualquier otra consideración apreciando y sublimando, el botellón, la copa, el latigazo y el alterne, es el Carpe díem, que en mí personal opinión es pan para hoy y hambre para mañana.

Sin embargo, de vez en cuando esporádicamente, te encuentras con algún individuo que todavía conserva parte de lo expuesto anteriormente.

Hay un tal llamado "Chiqui", personaje que forma parte del paisaje del Barrio, conocido borrachín de toda la vida, que aún pulula por la calle, solicitando pasar desapercibido, a su bola, con su cartón de Cumbres de Gredos en el bolsillo, a la caza de aquel banco de madera que entiende le pertenece por ley, que es de su propiedad de toda la vida, en el que dormita durante horas alternado un latigazo del precioso néctar de dioses que le produce un estado de levitación sino física al menos mental, desaparece de este mundo y solamente vuelve a la madre tierra cuando el reclamo de su narcótica medicina le sugiere, le exige un chute de nicotina y es entonces cuando abre sus hinchados ojos, se atusa sus greñas sucias pero negras como el cordobán, se yergue sobre su hierática figura casi todo huesos y al primer viandante sea hombre o mujer que se pone a tiro, le solicita, casi exige, un cigarrillo que no siempre consigue aunque su necesidad hace que la insistencia lleve a buen puerto y obtenga no solo un cigarrillo a veces, por desgracia las menos, una cajetilla recién estrenada.

De pedigüeños en el Bario, por fortuna, podemos hablar cada vez menos, aunque naturalmente ya se conoce nada de la vida y milagro de la mayoría de vecinos de la calle, sin embargo han proliferado como setas esos pobres extranjeros, dejados de la mano de las autoridades, tirados en las grandes ciudades, rumanos, sudafricanos, colocados por esas mafias que todos sabemos existen aunque nadie sea capaz de colocarlas en el mapa social, es decir denunciar, esos explotadores y auténticos negreros, esclavizadores del Siglo XX, que aprovechando la indigencia de los "sin papeles" hacen de la necesidad virtud por la que sangran a sus víctimas con la crueldad que solamente los seres humanos somos capaces de llevar a cabo, con tal de satisfacer nuestra sed de poder y riqueza…

Ni que decir tiene que la gente y vecinos de la calle, atienden más o menos la demanda de estos pobres indigentes, aun a sabiendas de la explotación a que se ven sometidos, hay una pobre viejita en la puerta de un Supermercado que da tanta lástima, que las monedas sueltas de la vuelta de compra casi siempre van a parar a sus manos, ennegrecidas por el sol que inmisericorde al igual que su rostro le han convertido en un curtido casi de charol a través de las muchas horas allí colocada por quienes le chupan la sangre y yo diría que la propia vida.

A nadie se nos escapa que inconscientemente estamos colaborando con nuestras propinillas a esta explotación humana; pero mirar la cara de esas anónimas personas, cada día más abundantes, en las puertas de las iglesias, tiendas, tiradas como sacos de basura en cualquier portal, ablanda el alma de las más recalcitrantes personas a poco sensibles que sean, algo estamos haciendo mal si consentimos estas situaciones, si no somos capaces de denunciar y desaprobar estas conductas a todas luces injustas.

Y me viene a mi mente una frase que deja en mí un poso de incertidumbre o más bien de inquietud ante este tipo de situaciones:

«Dios, en este mundo, padece frío y hambre en la persona de todos los hombres» (San Cesáreo de Arlés)

Por cuanto y a pesar de cualquier otra consideración no hemos de dudar en atender en lo posible este tipo de necesidades, sin entrar en averiguaciones más o menos realistas.

Es mi opinión, aunque a veces sea difícil llevarlo a efecto, hay que poner empeño en conseguirlo.

IV
Nunca como hoy

El mejor momento es ahora. A menudo estamos aguardando a que llegue un momento propicio, a que ocurra una situación determinada, a que se den unas condiciones favorables y, entonces nos hacemos la ilusión de que el camino se volverá más llevadero: Si esperamos aprobar unas oposiciones para empezar a tener más vida social; esperamos a conseguir un ascenso para viajar al extranjero…

Entonces, nos imaginamos que podríamos ser "más" felices. Pero ¿Qué hay debajo de esas ilusiones? Si de lo que se trata es de buscar un escenario más agradable para nuestra vida familiar, ¿No podríamos empezar a vivir esos valores ahora mismo, aun teniendo que estudiar varias horas diarias o debiendo limitar los viajes al pueblo de los abuelos?

El mejor momento para vivir plenamente es ahora. Sólo tenemos un tiempo, una vida, para llevar adelante nuestro camino y no tendremos una segunda oportunidad para lo que no hayamos hecho. Si somos lo sufrientemente razonables para entender la necesidad de cuidar nuestro cuerpo, que es el único que tenemos, ¿Por qué no vamos a entender también la necesidad de cuidar nuestro tiempo que es el único con el que contamos?

(De la hoja del taco del calendario 24 de agosto de 2020).

Me ha venido como anillo al dedo, la reflexión de la hoja del calendario que acabo de poner anteriormente, es una realidad a la que a veces no prestamos atención suficiente, metidos hasta las trancas en nuestras preocupaciones, pensamos que somos eternos y que lo que no hagamos hoy, tiempo habrá de hacerlo más adelante, no pensamos que somos finitos, que nuestros días están tasados y para bien o para mal, nuestras cuitas que a veces nos sobrepasan si paramos un minuto nos damos cuenta de que no hay bien o mal que cien años dure, por ello vivir el momento: «Nunca como hoy», es lo más acertado; vivir hoy como si fuera el último día de nuestra vida, lo que tenga que venir ya llegará e inefablemente nada o poco podemos hacer para evitarlo.

El catastrofismo al que, por lo general, todos estamos abocados y cuando mayores con más intensidad, nunca nos abandona, somos muy dados a creer que con nuestra experiencia está todo solucionado y ahí está la sorpresa, las nuevas tecnologías nos sitúan en lo que se ha dado en llamar grieta o brecha digital, nos ha pillado a muchos de nosotros con el pie cambiado, reconocemos nos ha sobrepasado todo el asunto relacionado con la nueva era tecnológica, y algunos a trancas y barrancas con el auxilio de nuestros hijos y o nietos, vamos navegando, nunca mejor dicho, por las procelosas aguas de internet, dándonos cuenta al fin de lo limitados que somos aun peinando canas, cuando no luciendo una alopecia considerable, lo que antes se nos antojaba inalcanzable hoy lo tenemos a tiro de piedra a poco que nos esforcemos, si no podemos ponernos al día al menos intentarlo, descubrimos terrenos nunca pateados, nos damos cuenta del mundo que se abre ante nuestros ojos y cuando estamos rozando la cima de nuestras vidas ya avanzada, descubrimos la maravillosa vida oculta durante tantos años hoy a nuestro alcance.

Bienvenidas pues las nuevas tecnologías si ello nos ayuda a llevar adelante nuestros proyectos, ilusiones, descubrimientos, vocaciones frustradas, tardías pero capaces de sacarnos de ese ancestral ostracismo a que nos solía llevar al ser un anciano, hoy liberados de esos tabúes hay mayores dedicados a conseguir títulos universitarios, escritores que publican sus escritos guardados como el buen paño en las arcas del olvido, pintores y pintoras que sitúan sus cuadros y manualidades conseguidos sin formación académica alguna en Escuelas para Mayores, donde además de relacionarse socialmente se pasan horas realizando sus trabajos, con el sólo propósito de que alguien les tenga en cuenta.

La satisfacción de una persona mayor puede consistir en que alguien, en un momento de su vida próxima a la extinción, le diga una palabra de aliento, un adelante con esa novela, un me parece sensacional esa pintura, ese dibujo, esa labor, esa destreza en el manejo de las agujas de punto y mil situaciones de reconocimiento por parte de aquellos a quienes consideran muy superiores en este tipo de conocimientos, con ello se sienten pagados de antemano.

Sin embargo la triste realidad de la vida, hoy sitúa en un arrinconamiento más que evidente a los mayores, sólo hay que visitar uno de esos "Purgatorios" a veces "Infiernos" llamados Residencias de Mayores (no, PARA Mayores) en que se han convertido esos aparcamientos de personas, que como nunca, necesitan del calor y atención de al menos los suyos, en esos Centros situados en las afueras, en las periferias de las grandes urbes, ahí para que no molesten, para que no den mala imagen de la ciudad, donde además haya el pretexto de las pocas o ninguna visitas, dada la lejanía y a veces la dificultad de transportes para llegar a las mismas.

Como diría el gran poeta Pablo Neruda:

«Puedo escribir los versos más tristes esta noche»

Cuando transito por las calles de mi Barrio, puedo percatarme de la gran cantidad de personas mayores con las que me cruzo, hombres y mujeres que otrora conformaban la auténtica vida, que era como la sangre circulando por las venas, hoy por las calles del vecindario, ahora alicaídos, heridos de indiferencia, con prótesis varias para hacer la vida sino más llevadera, sí que en algunos casos sea posible, se les ve con muletas, sentados en coches de ruedas, con andadores, dentaduras de composturas de varias piezas unas fijas otras en los clásicos puentes dentales, sonotones que en la publicidad dicen son invisibles aunque las patillas de las gafas tengan el doble grosor para disimular tal artefacto, cuando no una prótesis invisible cadera o rodilla, apañados con una raída gorra de visera, ropas heredadas de sus hijos, gafas de hace cuatropecientos años.

Todo eso después de haber pasado una noche o al menos media noche en vela, agobiados por la CPAP a causa de la apnea y una almohada entre las rodillas para el dolor de espalda, con el pensamiento en aquel hijo que está en el extranjero, o aquel otro que apenas ves porque su trabajo se lo impide y no digamos de aquellos nietos que cuidaste cuando eran pequeños y ahora ni te llaman, y te visitan, rara vez.

Echando de menos costumbres desaparecidas, buscando desorientados aquella tienda donde se encontraba de todo, y hoy convertida en una gran superficie, donde hay de todo pero no se puede probar con las manos, todo precintado, empaquetado y caso de tener que devolverlo por haberlo comprado por error, debe entregarse sin abrir el envase, nadie te puede aconsejar qué es mejor y encuentras trabas de todo tipo, en el Metro o Autobús ya hay que disponer de una tarjeta de pago, si entras a un Bar, no sabes dónde dirigirte para pedir un vino, te vuelven loco te preguntan, marca, color, graduación y apenas ponen aperitivos de los de antes: Cortecillas, aceitunas, trozos de bacalao, tortillita hecha del día, patatas bravas, ahora dos hojitas de albahaca, con un poco de ensaladilla si acaso, y te lo tomas más sólo que la una, sin cruzar más palabras que: ¿Cuánto le debo? Y adiós,,,

Al igual que hablábamos de la sierra pobre o rica de Madrid, el Barrio tiene dos zonas bien diferenciadas, si partimos de la Glorieta de Cuatro Caminos con dirección a Plaza de Castilla por la Calle Bravo Murillo, encontramos la mayor concentración en la Capital de migrantes, unos asentados hace algún tiempo otros, los más, advenedizos que buscan el Dorado, en esta zona se pueden encontrar individuos de todo tipo de nacionalidades, de etnias de muy variada procedencia lo que ha dado lugar a asentamientos de extranjeros, que a la sombra de sus paisanos tratan de abrirse camino en la ciudad.

Se dan las condiciones propicias para que se produzca el adocenamiento en las viviendas, las peleas están a la orden del día, el trapicheo de estupefacientes no digamos y sobre todo una nueva modalidad que ha nacido las Salas de Juego y Apuestas, cada vez más abundantes, donde pululan fornidos porteros, existen abundantes locales. Peluquerías Latinas, Locutorios, tiendas de Frutería de procedencia más que dudosa, aceras de la calle invadidas no solo por la exposición de frutas y verduras, también por moscas e insectos de todo tipo, de todo ocurre en la Calle Bravo Murillo.

Curiosamente esto pertenece a la parte Izquierda, en contrate con la Ciudad Financiera que junto a la Castellana y a pocos metros de esta Barrio de Tetuán, a su Derecha, se encuentra el Estadio

Santiago Bernabéu, el Skiline más importante de España, con Torre Picasso, Torre Puerta de Europa y las ya famosas cinco torres de la Castellana, con un Proyecto que en el futuro inmediato contará con otras 15 de más de 180 metros de altura, es el Yin y el Yang representado mejor que nunca en este Barrio de bruscos cambios, dicen quienes entienden de esto, para mejor.

Por tanto, asimilar esto quienes somos mayores, cuesta lo indecible, la vida se ha vuelto difícil, a veces insoportable, toda la vida en lucha y al llegar a la hora que se supone es para descansar y te encuentras con este desolador panorama.

Además, la supervivencia de tantos pensionistas se ha complicado en el capítulo económico, ya que sus pensiones van perdiendo poder adquisitivo en la medida que se produce la subida del índice del coste de la vida, siempre en alza todo menos las pensiones.

Muchos de estos pensionistas que tenían unos ahorros, fruto de sus sacrificadas renuncias, han tenido que recurrir a las famosas hipotecas que entidades inversionistas ofrecen a cambio de sus viviendas, unas veces ofreciéndoles una mísera cantidad mensual que se va acumulando en el tiempo, lo que significa que los herederos si quieren rescatar la vivienda han de sufragar no solo las cuotas percibidas por sus padres sino también los gastos que este tipo de transacciones conlleva.

En otro caso, tal vez el mejor, existe la modalidad llamada Renta Vitalicia con un plan llamado: "Nuda Propiedad", por la que se establece que los cónyuges firmantes de este contrato de Renta Vitalicia percibirán una cantidad hasta el fallecimiento de ambos cónyuges, lo que significa que el dominio o posesión de la vivienda pasará automáticamente a los adquirientes.

Difícil decisión, en cualquier caso, los herederos quedan al albur de este tipo de eventualidades, cuando no en muchos casos se ven obligados a la renuncia de su legítima herencia al ser complicado desmadejar semejante maraña de datos, leyes y condicionamientos al respecto.

Tal vez adquiera su verdadero sentido estas reflexiones:

«La renuncia a las posesiones significa que no debemos acaparar nada que no vayamos a necesitar en el día de hoy… (W. Gandhi).

También las palabras del Papa Francisco que decía:

«No he visto que, tras un difunto en un entierro, vaya una carroza con sus pertenencias»

No cabe duda de que hoy un pensionista se encuentra "Bailando en la cuerda floja", es una verdadera labor de funambulismo combinar los gastos con los ingresos y si por desgracia eres víctima de una enfermedad de las que necesitas atención las veinticuatro horas del día, si te ves abocado a caer en una Residencia, las listas de espera son de tal magnitud que posiblemente llegue antes tu condición de finado que te concedan una plaza de tipo estatal, porque hacer frente a una Residencia Privada está al alcance de muy pocos afortunados debido a su alto coste.

Y llega el capítulo que servidor denomina: "Las delicias del Imserso"; paradójicamente un Servicio Social creado para ayudar a satisfacer las necesidades de expansión de los mayores, para paliar de algún modo las privaciones y carencias en cuestión de viajes que durante toda la vida activa no se han podido llevar a cabo, y que desgraciadamente se han visto convertidas en un negocio de tantos.

Los viajes del Imserso son una quimera, y se me dirá que veo todo con un recalcitrante pesimismo, muy propio de quien ha sufrido la triste experiencia de este tipo de eventos.

Te prometen el oro y el moro, información de mil y un lugares a viajar con precios de ganga, te encuadran en un determinado tipo de viajes y viajeros, en el que se tiene en cuanta la edad, si llevas acompañante o no, la fecha que aún quede vacante, no siempre se puede elegir, los lotes de viajes están previamente asignados y te ves en la tesitura de elegir entre lo que ha quedado, la asignación de chollos en cuanto a lugares y fechas, por arte de no se sabe muy bien qué, o por sorteos desconocidos, son acaparados en las primeras fechas de su anuncio, solo queda elegir entre guatemala o guatrapeor.

La segunda parte del viaje es, a veces, de juzgado de guardia, llegas al Hotel asignado, que se encuentra cerca del Centro Urbano elegido según la publicidad, ha de entenderse lo de "cerca" a unos tres o cuatro kilómetros, con lo cual la reclusión está asegurada, aunque existe una modalidad no contemplada en el contrato, por la que te ofrecen una serie de salidas acompañadas de guías a diferentes excursiones que han de pagarse aparte, con lo cual el coste del viaje debido a estas triquiñuelas se ve duplicado, de manera que en cualquier caso, ya no es tan chollo viajar con el Imserso.

La parte de restauración no cuestión baladí, mejor tomárselo a chanza pues de lo contrario el cabreo de los ocho días de vacaciones incluidos uno de ida y otro de vuelta, es decir seis días reales de vacaciones, se puede convertir en una pesadilla, las comidas todo en Bufete libre, creías que tu esposa se vería libre de las tareas domesticas y empiezas por tener que hacer las camas, servirte el desayuno, guardando las interminables colas que se producen en el restaurante, que no hay leche pues te apañas, que se termina la fruta allá tú, que la sopa del mediodía se convierte en cualquier cosa menos en sopa mejor no tomarla, que el filete anda solo por el mostrador, y de la cena no digamos, todo se considera como normal por la incidencia de tantos comensales a la misma hora, es frecuente ver a alguno con una fuente rebosando calamares fritos con la sorpresa de que al llegar a la mesa donde se encuentra su esposa, resulta que son aros de cebolla rebozada, o que en lugar de café lleves chocolate y cosas por el estilo, también existe quien se afana por preparar un suculento bocadillo para media mañana…La sensación del todo vale se apodera de más de uno y de ahí el querer compensar de alguna manera con esta rapiña, a veces exagerada, en aprovechar si alguna ventaja tiene el Bufete libre.

Pero lo realmente cómico, por decirlo de alguna manera es cuando contratas una excursión, en la que solo se apuntan los más lanzados, coste y lugar elegido con el pensamiento en el apartado "Comida incluida", esperas un restaurante donde te sirvan etc. mira por donde ese día por cuestión de logística, dicen, te facilitan una bolsa denominada "Picnic" cuyo contenido es un bocadillo de fiambre, generalmente de mortadela, una botellita de agua y de postre una pieza de fruta una naranja o manzana, excepcionalmente un plátano. Ja, ja, ja, qué risa tía Felisa, menudo catering.

Y…vuelvo a repetir mi condición de negatividad a todas luces manifestada en este tratado, lo más jocoso, por llamarlo suavemente, es la fiesta o guateque organizado al caer la tarde-noche, cuando los cuerpos están para jaranas, juergas, y diversión sin límites, después de las caminatas visitando museos, catedrales, lugares emblemáticos, pateando el lugar de pe a pa y los kilómetros recorridos en autobús, un relax, una delicia escuchar al hombre orquesta que con voz de discoteca reproduce canciones añejas de Machín, Julio Iglesias, cuando no de la Pantoja o los pajaritos de María Jesús y su acordeón y entonces se produce el auténtico espectáculo, parejas pocas afortunadamente, se lanzan a la pista vestidos con sus mejores galas, cada día diferentes y de ahí las abultadas maletas que uno se preguntaba al inicio del viaje, cómo era posible tal cantidad para apenas para una semana, ahora se comprende, pudiera ser necesario y ese era el propósito.

Luego, cuando el responsable del grupo considera que el espectáculo ha tocado fondo, ya nadie sale a bailar, se organiza un Bingo, qué crueldad martirizar de esa forma las pobres personas que casi están dormitando y les mantienen a base de este tipo de juegos florales, aburridos, y falta de ingenio.

Uno al fin comprende y asimila su condición de mayor, la resignación, que precisamente no es mi fuerte ni virtud, campa por sus respetos y como suele decirse te lías la manta a la cabeza y ajo, agua y resina…

Siempre nos quedará París, ni todo es blanco o negro, existen matices intermedios: del gris al morado, del magenta al verde pistacho, etc. en cualquiera de esos encuadres trato de acomodarme de la mejor forma posible, para no resultar molesto con mis cuitas, y achaques, dando la vara a todas horas, esforzándome por disimular mis irritaciones y confieso humildemente que no siempre lo consigo, ver pasar la vida ante mis ojos sin poder aportar algo para que resulte más placentera es mi fracaso, causar agrado y no disgusto a los míos es mi meta, me esfuerzo en ello aunque no siempre con éxito, tampoco quiero parezca que entono un "mea culpa", no es el caso…

En esta época de mi vida, en la que me encuentro, las apetencias son cada día menores, las limitaciones físicas van apareciendo cada vez con más frecuencia, la conciencia de la decrepitud se va asimilando, y el poso de acritud acumulado uno trata de suavizarlo de la mejor forma posible con esporádicas sonrisas sardónicas, tratando siempre de disimular y no caer o resultar molesto a la concurrencia.

Lo realmente incomprensible, al menos para mí, es ver la pasividad de la sociedad ante estas realidades aquí enumeradas y posiblemente sublimadas, sobre todo cuando los miembros más cercanos o familiares, se sacuden como si de polvo se tratara la senectud galopante de sus progenitores, excepciones también hay y por fortuna ese es mi caso, donde todo son atenciones, pendientes de mis más recónditos deseos, prestos y prontos a atender cualquier necesidad por rara o sorprendente que pueda resultar, un manojo de atenciones que colman todos mis gustos, cuando hago mías estas declaraciones también me consta son las mismas que las de mi mujer, no obstante es de todo punto inadmisible que se produzca una dejadez tan siquiera disimulada del cuidado de los padres, que se les ve confusos, irreconocibles, porque de la noche a la mañana se encuentran en la soledad más insospechada; por su parte entienden o tratan de justificar este abandono como algo natural, consecuente con la edad, las múltiples ocupaciones de los suyos, el trabajo, la familia, el trajín diario, y tratan de aceptarlo de esta forma.

Otra faceta a tener en cuenta es el abandono progresivo y galopante del aseo personal, se empieza por no afeitarse tan a menudo, por no usar la ducha cada día, se va alternando el cambio de muda de ropa interior cada vez con más fechas por delante, uno empieza a darse cuenta al ser obsequiado con desodorantes y perfumes por su cumpleaños que algo no va bien ¿Es una indirecta o una atención?, los zapatos para qué limpiarlos, el mismo pantalón camisa y jersey de todos los días, sólo en fechas muy señaladas cumpleaños o eventos familiares se echa mano del traje que en unos casos te está muy ajustado debido a tener acumulados esos kilillos de más, o en otros sobra chaqueta por todos lados y el pantalón disimula su holgura con un cinturón bien ceñido a la escasa cintura que debido a esa puta enfermedad va corroyendo cada día el tipo serrano de tiempos mejores

Todas estas consideraciones que a vuelapluma se ha ido desgranando en este "Ensayo literario", es fruto de una profunda reflexión, de una buscada meditación, siendo consciente de la necesidad de recapitular la vida de uno mismo, tratando por otra parte de ser tan sincero como requiere la ocasión, es un verter toda la experiencia acumulada durante los muchos años y dejar testimonio por si le puede servir a alguno en cualquier momento de su vida y sentirse aliviado por aquello de mal de muchos…

Aunque también quiero dejar claro, que no pretendo sea un tratado de moralina alguna, allá cada cual, no es un vademécum que al fin y al cabo es personal e intransferible, sólo una forma de expresar como cualquiera otra.

Estas líneas reflexivas, muy personales se acomodan al título de este trabajo, hasta aquí he enumerado lo que, a mi modo de ver, son las DESVENTURAS, aunque debo añadir, que posiblemente me haya quedado corto y sean un simple esbozo de lo que ocurre con las personas que se han jubilado como autónomos, evidentemente cada caso será diferente, pero por regla general difiere poco de lo aquí expuesto.

V
Las venturas

Ahora que comienzo capítulo…

Prometo no ser tan ácido en mis comentarios o conclusiones, será o trataré que así sea, la parte positiva de las VENTURAS del título de este ensayo, creo que la otra cara de la moneda, también ha de tenerse en consideración, espero que mi promesa no se la lleve el viento y caiga de nuevo en las redes del pesimismo, aunque la feria no siempre es igual para todos, habrá quienes siempre se quejen por sistema y quienes reconozcan que más vale poco que nada.

En mi caso, debo admitir, a caballo entre los años que gracias a Dios ya he cumplido y los que espero cumplir, he tenido de todo como en botica, días de luz y también sombras; pero mi promesa es fijarme en la parte más feliz de mi existencia y aparcar, que no olvidar lo menos agradable, que creo haber tratado con total fidelidad que el asunto requería,

Es la historia de cualquier autónomo, que sin vocación como en mi caso, ha de tomar las riendas de su vida laboral, familiar, a veces obligado por la necesidad, todos preferimos depender de un jefe, con un sueldo asegurado, sin sobresaltos; pero eso ya pertenece al pasado y no es que alguien esté predestinado a ello, pero hay personas que por mucho que se esfuercen pasan inexorablemente a tener tomar iniciativas y manejar el rumbo de su vida.

De tal manera que uno asume como último recurso el embarcarse en una empresa para la que a veces no está preparado lo suficiente, los problemas que surgen y no pocos, se van solucionando a salto de mata, unas veces con más éxito que otras. La mano en el arado, sin volver la vista atrás y siempre esperando superar las barreras que a diario se van presentando.

Para un autónomo, todo es nuevo, ha de convertirse en Jefe de Empresa, Director del negocio, Maestro de la obra que va a realizar, Dependiente, Encargado, Contable, Gestor Administrativo, Chico de los recados, Repartidor, Agente Comercial, todo en uno y si la preparación no es la optima, poco a poco ir salvando baches, hasta conseguir más o menos dominar la situación, aprendiz de mucho y maestro de nada.

El tiempo (no quisiera personalizar) me fue poniendo al día de muchas situaciones desconocidas en la cuestión del papeleo, como quedo dicho, hube de acudir a una Gestoría Administrativa y depositar la confianza de mis asuntos digamos para mí engorrosos como todo lo referente a la contabilidad oficial, libros de facturaciones, permisos, liquidaciones y sobre todo lo exigible como Autónomo, las cuotas, el Impuesto del IVA, en definitiva todo lo relacionado con: Asesoría fiscal, laboral y contable.

Siempre tuve presente mis obligaciones ante el Fisco como trabajador autónomo, que resumidas más o menos son estas:

— Alta en la Seguridad Social en el Régimen Especial de Trabajadores Autónomos (RETA).

— Alta en Hacienda modelos 036 y 037.

— Liquidación trimestral de gastos e ingresos mediante el Modelo 130 (pago a cuenta del IRPF).

— Liquidación del IVA Modelo 303.

— Si hay trabajadores a su cargo Modelo 111.

— Alquiler del local Modelo 115.

— Si tienes un préstamo Modelo 123.

— Modelo 349 Para quienes tienen negocios con otros países.

— Modelo 390 resumen anual del Impuesto IVA

— Modelo 180, 190, 193, 349,

Y la madre que lo parió…

Como se verá, empezar con este tipo de obligaciones, en la aventura que significa comenzar una etapa tan novedosa para quien ha estado trabajando más de veinticinco años como empleado, es poco menos que labor de héroes, hay que verse muy obligado para no mandar todo por la borda, olvidarse de tanta obligación en un asunto que sin todavía saber si va a resultar o no, comenzar por un montón de responsabilidades, obligaciones, deberes y asumir algo que aún estando en el aire se adquiere el compromiso de cumplir a rajatabla.

Toda una odisea, además de preparar la tienda-taller, con todo lo que requiere de acopio: Material, logística, indumentaria, maquinas, ordenador, documentos como albaranes, facturas, material de oficina, teléfono, agua, luz, con sus correspondientes contratos, sin haber dado una puntada, nunca mejor dicho, sin tener un sólo cliente a la vista y viendo como la cuenta corriente inicia un recorrido cuesta abajo, es necesario tener mucha fe primero en las alturas y después en uno mismo para no abandonar.

Soy consciente de que escribir, es dejarse el alma y la vida de uno mismo en los escritos, por ello he de ser fiel no solo a los hechos aquí enumerados con más o menos exactitud, sino al pensamiento profundo que después de veinte años de jubilado, a vista podíamos decir de pájaro, trato de que no sea una Autobiografía, sino una realidad palpable de cualquier autónomo, cada uno con su particular idiosincrasia, que sin duda podrá corroborar estas venturas y desventuras como propias.

Salvadas las primeras dentelladas que me esperaban, comenzaba mi particular pelea, odisea más bien, la captación de clientes, el horario establecido de forma virtual, digo esto porque no había tal horario, muchas veces llegaba la noche y aun andábamos solucionando papeles, ordenando la tienda, limpiando el taller, eso cuando la marcha ya se había más o menos estabilizado, de lunes a sábado siempre sin límite de horas, era poco menos que preceptivo estar al pie del cañón, hubiera o no trabajo, siempre interpreté que la constancia y presencia en el negocio era el primer mandamiento para que funcionara.

Con estas premisas, con un tanto de suerte, con el tesón de quien se agarra a el último clavo, fuimos encarrilando y creando un puente de continuidad en el trabajo diario, afianzando nuestra presencia en el Barrio, creando una cartera de clientes, algunos más asiduos que otros, la singular y regular visita que semanalmente se producía de nuestro cliente principal, nos afianzaban cada vez más en haber encontrado el tan ansiado espacio en medio de la marabunta del gremio de Autónomos, ya éramos uno más y de hecho contábamos tanto que fuimos convocados a una reunión informal, en la que se andaba tratando crear un grupo para obtener unificados mejores condiciones en la compra de materiales, tarifas más o menos unificadas para no crear competencia desleal, en fin por aquello de que la unión hace la fuerza llevar a cabo una lucha unificados dentro de la zona Norte de la Capital.

La primera vez que acudí a esta convocatoria, en un Bar-Restaurante del barrio, entendí la realidad de lo que se pretendía cocer allí, la cita que se había enviado personalmente a cada miembro autónomo, aparecía allí poco menos que para farolear, unos de lo bien que les marchaba el negocio, otros para llorar sus penas ante los impagos, los más para presumir con el wisky en la mano, que luego prorrateábamos los gastos pagando todos a partes iguales, yo tomaba cerveza sin alcohol, lo que se anunciaba como una mesa de diálogo terminó siendo un monólogo, por parte de tal vez el más fuerte económicamente hablando de los asistentes y promotor de tal iniciativa.

De esta convocatoria, no saqué nada en limpio, se creó una plataforma de compras llamada "ZapaNorte", con el objetivo de conseguir mayores descuentos al unificar las compras del gremio en un solo pedido y luego distribuirlo con arreglo a las necesidades de cada autónomo, a mi me pareció una entelequia, llevar adelante semejante gestión era poco menos que declarar la situación individual de cada uno de los participantes con lo cual quedaría al descubierto tanto la capacidad económica, a través de las compras, como la situación e influencia en el Barrio y ser fiscalizados más de cerca por un par de "grandes" que pretendían, a mi parecer, hacerse además de con el control, mangonear a discreción la marcha de los pequeños negocios como el mío, en una palabra establecer el imperio del más fuerte y pasé página haciendo caso omiso de la oferta a todas luces engañosa, un representante de mi antigua empresa se hizo también presente en la asamblea, creo yo que con el ánimo exclusivamente de enterarse de lo que allí se iba a tratar, no salió ni una sola palabra de su boca, solo se limitaba a tomar de vez en cuando apuntes y como compañero mío que había sido, cruzamos un frío y protocolario saludo y recuerdos a la familia.

Ya no había dudas, ya formaba parte de la cadena de venta y reparación de calzado de la zona, la marcha de mi negocio se había consolidado de ahí la invitación de "ZapaNorte" a formar parte de esa jerigonza con la que deje claro no quería oír hablar sobre el tema, dicen que el buey sólo bien se lame y esta era mi filosofía.

Una de las cosas que echo de menos en estas líneas son los diálogos, y la verdad es que no tengo mucho que abundar en este sentido, sólo me formé mi espacio, sólo me aventuré a llevarlo adelante, sólo fracasé o triunfé, sólo estuve durante veinte años y sólo me jubilé, si bien es cierto que esa soledad tampoco es muy recomendable, la intercomunicación, el contrastar con semejantes de tu mismo negocio la marcha más o menos pausada o acelerada siempre es necesaria y sobre todo es de ayuda para continuar por los tortuosos caminos de la competencia.

Sin embargo, una forma de comunicación e información que sí tenía en cuenta era la proliferación de Agentes Comerciales, que venían con cierta frecuencia a mi negocio, proveedores de materiales, maquinaria, accesorios, herramientas, etc. Con quienes tenía cierta amistad y me ponían al día tanto de los clientes morosos que tenían como de las novedades que afectaban al gremio, de ahí que sabedor de sus criterios me guardaba mucho de facilitar datos que pudieran mal interpretarse y crearan una determinada leyenda negra sobre nosotros, siempre mis compras se realizaban de pago al contado y ello me creo una aureola que rodaba de boca en boca de que a mi casa se podía ir sin miedo a no hacer frente al pago de mis pedidos, tanto que en una ocasión se presento un Agente de una Fábrica de Curtidos y al presentarse me dijo:

— Me han informado, que le sirva todo aquello que me pida, sin límites, en la seguridad de que efectuará el correspondiente pago, sin lugar a duda.

Yo, un tanto ruborizado le conteste:

— Hombre, la verdad que hoy por hoy, he llevado siempre esa norma y me ha ido bien hasta ahora, así que para qué cambiar.

Ello y otras acciones de semejante índole, daba idea de la buena marcha de nuestro negocio, si bien hay que reconocer que no se logra esta estabilidad de la noche a la mañana, cuando se crea callo batallando en una y mil vicisitudes, se aprende que las cosas no resultan así porque sí, sino mediante una ardua tarea de desescombro de muchas variadas batallas y en las que no siempre se gana la guerra.

Una cuestión que me traía de cabeza era el tomar vacaciones, durante los primeros años nunca pensamos en algo lúdico, estaba fuera de nuestro alcance; pero había que ya por necesidad determinar alguna acción en este sentido y por primera vez en mucho tiempo, tal vez años, nos íbamos a permitir unas vacaciones, el dueño de una Droguería de nuestra misma calle le dijo en una ocasión a mi mujer que compraba habitualmente en el establecimiento:

— ¿No se van ustedes de vacaciones?, veo que nunca cierran en verano… a lo que contestó mi mujer:

— Probablemente este año tomemos unos días, si bien sabemos que no se puede dejar a los clientes desatendidos, y el droguero contesto:

— Mire, desengáñense, el cliente es hoy fiel y mañana se va al mejor postor, así que miren por ustedes, que no hay mal que cien años dure.

No es que quisiéramos seguir su consejo, ya teníamos pensado realizar un viaje para oxigenarnos un poco de tanto como habíamos pasado, de hecho, habíamos realizado consulta con una Agencia de Viajes muy próxima a nuestra tienda sobre un viaje soñado y pensando que ya había llegado la hora de llevarlo a término.

Contratamos un viaje que componía una gira por Europa de diez días, a todo "pasto", como solíamos decir en casa cuando no mirábamos el coste de algo, esta ingeniosa frase la copiaron nuestros hijos y en alguna circunstancia al celebrar algún acontecimiento señalado ellos decían: ¿A todo pasto papá?...

El viaje, todo incluido, autobús, hotel, pensión completa, guías durante el circuito, entradas a museos, etc. Fue un maravilloso regalo que quien más lo merecía era mi esposa, este inolvidable viaje, Circuito por Europa, comprendiendo las ciudades de más reconocido prestigio de: Francia, Italia, Austria, Alemania, Países Bajos, etc. al igual que otros muchos, formaron parte de nuestra vida, que durante años pudimos gozar en ocasiones como la defensa de la tesis doctoral de uno de nuestros hijos en Roma, acudimos toda la familia, incluido el nieto, luego se repitieron en el tiempo por parte de mi mujer y mío en otras muchas visitas a la Ciudad Eterna.

Sería prolijo enumerar las vivencias y emociones sentidas en estos viajes, pero forma parte de nuestro acervo privado y no es motivo de manifestarlo aquí, solamente decir que aquella sentencia que dice: «Siempre que llueve, escampa», se cumplió hasta la última coma en nuestra vida, fueron muchas las privaciones y de algún modo nos resarcimos de ellas. Es por ello por lo que también teníamos muy presente lo de: A Dios rogando y con el mazo dando, el esfuerzo en el trabajo siempre tiene su premio final, unas veces hará justicia y otras muchas también pasará de largo haciendo caso omiso.

Lo que sí es cierto, y esto lo digo después de haberlo pasado por la criba, es que cualquier persona, con o sin experiencia laboral, que se lo proponga como primer objetivo a lograr e inicie una tarea de autónomo, ha de blindarse ante eventualidades que surgen, a veces insospechadamente, y de no estar muy firmes en el convencimiento de que todo se logra con esfuerzo y tesón, al menor viento que sople en contra, puede deshacer nuestro proyecto como un castillo de naipes, nunca para bien o para mal puede darse nada como seguro o perdido, fiarnos de nuestras fuerzas y llegar hasta donde éstas permitan, sin esperar milagros externos, es la pauta necesaria para lograr cualquier objetivo, tanto laboral como personal.

Tal vez responder a estos retos, una vez se han superado, puede parecer presuntuoso, el triunfalismo nunca ha formado parte de mi manera de ser, los pies en el suelo, midiendo nuestras fuerzas, no pensando en cuentos de hadas, sabiendo lo mucho que está en juego, cualquier duda o devaneo en los asuntos de trabajo pueden traer consecuencias nefastas, he repetido hasta la saciedad que no pretender abarcar más de lo que se puede, nos sitúa en nuestra realidad y el tiempo me ha dado la razón, mis "Venturas" comienza ahora, en mi jubilación, libre de ataduras de todo tipo, disfrutando de mi bien merecida jubilación y planteándome la gran pregunta:

— ¿Y ahora qué…?

VI
Cinco años sin vacaciones

«Tristeza y melancolía, fuera de la casa mía» (S. Juan Bosco).

Con estas palabras del Santo de la Juventud, quiero comenzar este capítulo, en el cual espero no dejarme llevar por la melancolía o tristeza de las muchas situaciones por las que mi ya dilatada vida me ha llevado, quiero sea el resumen de "Mis buenas Cosas", de los buenos ratos, del gozo de mi familia, que pese a todo puedo presumir de tener «La familia, ("la familina"), más bonita del mundo».

Para ello, traeré a colación mis vacaciones, que han sido, si se quiere tardías pero alargadas en el tiempo. Desde que me jubilé puedo decir que mi vida ha sido de auténticas vacaciones, no así la de mi mujer, que no se ha liberado de las infinitas tareas en las que con mi modesta colaboración trato de paliar en la medida de mis posibilidades, mi generación por desgracia, creció sin una específica educación domestica de ahí que la participación en las tareas de la casa se lleven cuesta arriba, uno se esfuerza en colaborar y en muchas ocasiones lejos de ayuda, resulta ser un estorbo.

Puedo y debo decir, sin lugar a equivocarme, que tengo la mejor compañera posible, inmerecidamente Dios me ha regalado lo que nunca pude sospechar, en voz bien alta debo reconocer y reconozco, que reúne tal cantidad de virtudes que insólitamente pueden darse un una persona, es además de guapa, esbelta, fina en el trato, atenta hasta el extremo, todo un dechado de virtudes: Trabajadora incansable, buena cocinera, entiende de costura y puede dar la vuelta al cuello de una camisa, arreglar los puños, arreglar los bajos de un pantalón, cambiar una cremallera, planchar y dejar todo como un primor, y mil y una de las buenas cualidades de las que la naturaleza ha dotado a esta singular mujer por la que merecería la pena vender todo lo que uno posee y comprar esa "perla".

Pero lo más importante ha sido la disposición a colaborar conmigo en lo bueno y en lo malo, como una condición innata en ella, además de buena esposa es una buena y gran madre y abuela, me ha dado dos tesoros de hijos a cada cual mejor, no quiero robar protagonismo en esta página a la figura de mi mujer y tiempo habrá de hablar de los hijos, que es para presumir y mucho, ciertamente.

En relación a la Tienda-Taller, que ha ocupado gran espacio de este tratado, ha sido de particular importancia la colaboración ilimitada por parte de mi esposa, hubo un tiempo que el programa exigía total dedicación a la misma y desde que nos levantábamos de madrugada hasta bien entrada la noche los quehaceres se multiplicaban y ocupaban intensamente todas las horas, preparar los desayunos, ocuparse da la comida para en táper llevarla a la tienda, dejar los "oficios", como ella decía, de la casa hechos, las camas, recoger la cocina, limpiar etc. Para luego ya en la tienda ocuparse del público, servidor del taller, atender las llamadas de teléfono, ir a llevar y traer encargos, cobrar recibos, llevar documentación a la Gestoría, archivar papeles y mil asuntos que, aunque de menor importancia eran absolutamente necesarios para la buena marcha del negocio.

De ahí que cuando se presenta cualquier oportunidad propicia para la expansión, nunca he dudado en atender como forma y medio de agradecer su mucha colaboración y renuncia por su parte a tener el debido derecho de unas vacaciones.

También es cierto que el concepto de vacaciones tiene a mi modo de ver infinitas facetas, vacaciones puede ser gozar de la libertad de ir y venir a discreción, sin cortapisas, sin tener que dar cuanta a nadie, mi mujer visita asiduamente el Museo del Prado, que para ella, Pintora autodidacta, es religión, entiende que con este tipo de libertad no es tan necesario tomar vacaciones de las establecidas, masificadas, prácticamente obligadas, es mejor disponer del libre albedrío en lugar de una imposición, dar paso a nuestras apetencias y pequeños caprichos.

Dicho esto, como dicen los tertulianos periodistas, sobre el tema de las vacaciones tengo una particular visión, que sin ser necesarísimamente la ideal, a mí me sirve.

En mi modesta opinión, las vacaciones en general y las de verano en particular, son una quimera…

Todos nos esforzamos por conseguir avanzar en el terreno laboral, intelectual, económico, social, familiar, etc.

Se dice y enfatiza que las vacaciones son una conquista para la clase trabajadora, se enarbola por parte de sindicalistas como una bandera, la consecución de tantos o cuántos días de asueto para tal o cuál colectivo.

Sin embargo, pienso que vacaciones sin dinero, sin posición social consolidada, sin puesto de trabajo seguro en el trabajo, sin futuro de continuidad, es sencillamente: Pan para hoy y hambre para mañana, echar agua en un cesto, es dar unas expectativas de cómo viven los ricos visto desde la posición de pobres, es pasar por la vida como simples mirones, de espectadores no de protagonistas, ni siquiera de actores.

Durante unos días, semanas tal vez, el empleado, lejos de olvidar sus preocupaciones diarias, gracias a las que encuentra sentido a sus vacaciones, intuye que esta o aquella situación debe ser como un sueño irrealizable, se topa brutalmente con la cruda realidad, pasa a encontrarse con sus limitaciones, entiende y aprecia lo inaccesible, y comprueba lo que tienen las vacaciones de tramoya de teatro.

Hay ocasiones en las que se vuelve de vacaciones hartos de interpretar una comedia ante amigos y familiares, se adopta una pose que bien quisiéramos fuera realidad, volvemos cansados, hartos de carretera, caravanas, arena de playa, calor, agobio, masificación, depauperados, sin dinero, con la esperanza perdida y lo que es peor teniendo que sacar fuerzas de flaqueza para incorporarnos de nuevo a la maquinaria del trabajo, a la vorágine de la ciudad, del medio en que se desenvuelve nuestra vida. Pensando en el tiempo perdido, el dinero malgastado, habiendo tenido que dejar en un aparte nuestra propia personalidad junto a tantas cosas.

Estas reflexiones, de hecho, nos hunden aún más en nuestro cotidiano agobio, y no tenemos en cuenta que cada día tiene su afán.

Por si fuera poco, ahora nos enfrentamos a tener que superar todo esto, además de aparecer y mostrarnos ufanos, dinámicos, descansados, aparentemente renovados, y pletóricos de fuerzas para arrostrar con nuevos bríos campañas y metas que se nos antojan imposibles de superar, con ese moreno trigueño adquirido a orillas del chiringuito al que no podíamos acceder, por falta de pecunio.

Sin embargo, de cara a la galería, no nos queda más alternativa que mostrarnos con capacidad y fuerzas suficientes para llevar a buen término cuanto se nos pida.

¡Para eso hemos tomado Vacaciones…!

Nuevamente pido disculpas, por haber caído en mi habitual pesimismo, la realidad a veces supera los hechos y no es fácil, al menos para mí, pasar por alto asuntos como éste.

Como decíamos, ni todo es blanco y tampoco negro, lo de siempre, una de cal y otra de arena, creo que la vida mal que nos pese se cobra de alguna manera los buenos momentos vividos y al fin decimos eufóricos: "Que nos quiten lo bailao", por muy optimistas que tratemos o seamos ser, tendremos que conjugar las diferentes etapas de nuestra vida a la espera de siempre vengan tiempos mejores, que sin duda los hay.

Entre mis muchas alegrías, se encuentra la de tener dos tesoros de hijos, esto sí que es una auténtica fortuna, con ese premio ya he satisfecho todas mis aspiraciones, la felicidad de poder contar incondicionalmente con ellos, en cualquier situación es el apoyo que los mayores podemos desear más ardientemente, la tranquilidad de que en cualquier momento de la vida sabes están ahí, produce una paz de espíritu difícilmente comparable, desde aquí aunque nunca será suficiente quiero en estas líneas dejar constancia notarial de mi más entera satisfacción por tener dos hijos como los míos.

Pese a las obligaciones consuetudinarias inherentes a sus cargos, la preocupación de ambos por la marcha de nuestra salud, de mi mujer y la mía, quebrantada por el paso de los años, es diaria, llamadas, video llamadas, sobre todo del hijo que vive en el extranjero, las buenas noticias que nos proporcionan al decirnos que vienen a comer a casa, la planificación prioritaria por todo lo "nuestro" siempre pendientes de cómo nos va, es una constante comprobación de que "algo habremos hecho bien", decimos mi esposa y yo mismo.

Cuando pronunciamos el juramento de nuestro matrimonio:

— En la salud y en la enfermedad, todos los días de nuestras vidas…

No fue para un momento, ni para una temporada hasta ver qué pasaba, no, fue para toda nuestra vida. Es una de las páginas de nuestra historia familiar que hemos tratado de cumplir sin más.

No quisiera nuevamente caer en mí: ¿pesimismo?, ¿negatividad?, ¿pragmatismo?, y mis habituales "ismos", de los que pretendo huir sin conseguirlo.

Dicen que la "Jubilación" viene de Júbilo y trato de que así sea, en mi vida se han dado en un porcentaje similar los buenos y menos buenos acontecimientos, ello ha ido labrando a fuego mi carácter, a medida del avance en mi decrepitud, me he vuelto cada día más hosco, irascible, intolerante y muchos más "in"; sin embargo centro mi lucha por convivir con ello y poner bálsamo en mis heridas como si de una loción de fierabrás se tratara, por ello noticias como el nacimiento de mi nieto fue una de las mejores medicinas que una persona puede recibir, recuerdo que de mi pluma salió espontáneamente un escrito motivado por la alegría que me produjo, como al resto de la familia poder contar con un nuevo y bienvenido miembro.

Hoy, al cabo de veinticinco años… Realidades, que yo llamo milagros, como ésta nos hacen situarnos en la vida como útiles y necesarios colaboradores con nuestro existir, somos transmisores y continuadores, da sentido a nuestras vidas, encontramos en definitiva parte del porqué hemos sido creados y logramos por fin, sentirnos realizados plenamente.

Otros acontecimientos, como el cambio de domicilio, que es como cambiar de vida, como darle la vuelta a un calcetín, fue un gran momento vivido en el seno de la familia, este cambio supuso la gran diferencia de tener que desplazarnos diariamente durante una hora al trabajo, que trastocó para bien nuestra forma de vida, al estar unidos el negocio con la vivienda, un gran paso para lograr dinamizar nuestra vida laboral con la convivencia familiar, los madrugones por fin habían terminado, integrarnos en la vida de un Barrio nuevo fue todo un acontecimiento, las tiendas y supermercados a mano, la Consulta de médicos, farmacia, transportes públicos, todo a tiro de piedra, hizo que nuestra vida fuera más tranquila, algo que ya necesitábamos pues nuestra edad corría como la pólvora y esta nueva situación fue un alivio para nosotros.

Había llegado el ansiado momento de encontrar sosiego en nuestras batallas diarias, con el tiempo todo fue resultando más fácil, la coordinación de hogar trabajo era más dinámico, mi mujer combinaba ambos entornos y servidor encontraba más fácilmente el descanso tan a mano, encontrar un piso en el mismo edificio del trabajo fue un gran regalo que el destino nos tenía preparado, de nuevo era de obligado cumplimiento dar gracias a las Alturas por todo ello.

El tiempo corría, no siempre a nuestro favor, pues los años nos iban configurando a una ancianidad irremediable, pero en ese ínterin, se produjeron entre otros, nuestras bodas de oro, ya cincuenta años de casados, toda una historia convertida en un inolvidable evento, antes habíamos también celebrado las bodas de plata a los veinticinco años, y poder llegar a estos acontecimientos en plenitud de facultades físicas y mentales, es cosa que excepcionalmente se espera, motivo más que suficiente para celebrar esta Ventura de que tanto estamos hablando.

Luctuosos decesos de nuestro entorno tanto familiar como de amistad, tiñen nuestras vidas, todo parece formar parte de esa ley de vida que se preconiza cuando algo así sucede, volvemos a las dos caras de la moneda; pero si alguna de estas causó verdadero pasmo en nosotros fue el fallecimiento de nuestra hermana, aún joven y supuso un antes y un después en nuestro entorno familiar. Así mismo tal vez no tan dolorosas los decesos de tres amigas y un amigo, este último de una singular amistad, que me costó tiempo asumir.

Paralelamente a nuestro discurrir por la vida, no hemos podido eludir situaciones preocupantes, operaciones quirúrgicas, unas personales otras familiares, incluso llegar a vivir en primera persona esa especie de exilio que con motivo de tener que internar a mi hermana en una Residencia por dos meses, pudimos pulsar el desarrollo de la vida en instituciones, que aunque privadas, se palpan las carencias de la vida afectiva en las personas que allí se encuentran, algunas de por vida; fue una situación dolorosa, que ojalá no tenga que repetirse y como indico de manera puntual.

En mi ya larga jubilación, aprovechando mis cortos conocimientos en los asuntos de informática, tratando de imponerme en estas lides para el funcionamiento de la Tienda y estar más o menos al día, he logrado, eso sí, con la siempre valiosa ayuda de mis hijos a quienes he sometido en mil y una ocasiones a la dictadura de mis cuitas, manejarme más o menos a nivel de usuario y llenar mis largas horas de ocio con la creación de escritos de variada índole:

Cuentos, autobiografía, novelas, ensayos, memorias , etc. Hoy puedo presumir de tener en mi haber unas diez publicaciones, eso sí para disfrute personal y como mucho familiar, mi atrevimiento en este terreno, aunque con la cautela necesaria, no ha sobrepasado fronteras que no sean próximas a mi entorno, mi modestia en este sentido no me permite sobrepasar la raya de lo políticamente correcto con mis fruslerías.

He de confesar que sin la colaboración específica de uno de mis letrados hijos no hubiera sido capaz de llevar adelante semejante empeño, gracias a él he podido asomarme al tema literario, tal vez más prolijamente de lo que yo por mi mismo hubiera logrado sin este soporte, desde la instauración de la informática en la Tienda, he pasado por fases de aprendizaje en principio apoyándome en programas específicos para el tipo de negocio como el mío, redacción e impresión de albaranes, facturas, recibos de cobro, inventario etc.

Aun conservo entre mis recuerdos físicos, una impresora de agujas, el teléfono Fax, una máquina calculadora con un rollo de papel para impresión de ticket de pequeñas compras que no necesitaban factura, la máquina de escribir electrónica, de las primeras de la marca "Ranx Xerox" que salieron al mercado y en la que mi mujer hacía sus primeros pinitos para ir cogiendo práctica y sobre todo herramientas del taller, que ayudaron a sacar adelante el proyecto.

Mi rudimentario ordenador, el monitor en blanco y negro, la impresora y en general todo el material de oficina fue tomando el debido relevo a medida que surgían nuevas necesidades, los programas informáticos se fueron desarrollando y crearon uno específico para pequeñas tiendas, que llegue a manejar con cierta soltura, hoy a nivel de usuario y gracias a estas experiencias me manejo relativamente bien en los asuntos informáticos.

He creado un pequeño escritorio en casa, mi mujer me ha reservado una habitación para "mis cosas" y ahí paso muchas horas entretenido en mis publicaciones de forma autodidacta. Cada día empleo varias horas, escribo, leo las principales noticias de carácter nacional y algunas internacionales, mantengo contacto por Twitter, Facebook, Gmail y redes sociales, soy administrador de un par de páginas, o sitios, en internet y me mantengo activas, mis neuronas; pero sobre todo a lo que más tiempo dedico es a mis escritos y publicaciones.

No quiero presumir, pero quienes han leído alguna de mis obras me han felicitado, entiendo más que nada por benevolencia y amistad que por la calidad de mis escritos, en éste que nos ocupa tengo el privilegio especialísimo de contar con el asesoramiento de mi hijo, aprovechando su presencia ya que se encuentra de vacaciones con nosotros, durante el año mantenemos asiduamente llamadas, mails, WhatsApp, video llamadas a pesar de que la cabra tira al monte, a veces le escucho y pongo en práctica sus consejos y otras me dejo llevar por mi opinión que como escritor, también debo escuchar y quedar esa impronta en los escritos que todo autor tiene.

Por cierto, confieso que ya he dicho cuanto tenía que decir respecto a mis elucubraciones a través mis novelas, cuentos, autobiografías, etc. Y este "Ensayo" se debe exclusivamente al deseo de mi hijo, que prácticamente me he visto obligado a satisfacer, además con mucho gusto, él se lo merece y mi esfuerzo queda ampliamente compensado, cuando de su boca salen elogios, que naturalmente yo interpreto como apreciando mi impronta en mis relatos, gracias, hijo…

VII
Autónomos unidos

Tengo un amigo, Nando, que nos alumbra con sus "Reflexiones al aire" en un programa local de radio, coincido en la filosofía que vierte mediante sus comentarios, en la práctica totalidad de los mismos, por lo general denuncia comportamientos de la Administración, subraya las injusticias, el abandono, la marginación, los atentados a la moral, los desmanes de la sociedad en general y no puedo estar más de acuerdo con él, siempre sus comentarios están basados bajo el prisma de la justicia social que defiende a capa y espada, en definitiva representa "una piedra en el zapato" para nuestros dirigentes locales, autonómicos y nacionales, mi felicitación Fernando por tus comentarios, siempre constructivos...

Denuncias a veces relacionadas con las carencias culturales en nuestra sociedad y especialmente en la juventud; a pesar de disponer hoy de medios más que suficientes para ser doctores en esta materia, al parecer lo que priva hoy es no sólo el Rocanrol, que también, las redes sociales acaparan la mayor parte del tiempo de los jóvenes, cuando no la cultura del botellón, ya apenas mal visto y consentido por las autoridades: ¡Pobrecillos, algo tendrán que tener para divertirse!, dicen contemplando la destrucción de esta joven sociedad; ¡coño! En mi juventud teníamos los guateques, las reuniones de pandilla para merendar, excursiones, centros de cultura donde proliferaban los grupos de rondallas o de teatro para aficionados, salas de lectura en bibliotecas públicas, íbamos al cine, al paseo del parque y nunca tuvimos necesidad ni de quedar por whatsApp, ni convocatorias a eventos en redes sociales, teníamos tiempo para esto, para estudiar y llegado el caso para echar una mano en las tareas de casa y tal y tal, no quiero abundar en este terreno, que daría para mucho y no es el objetivo, a veces me voy por los cerros de Úbeda, muy a mi pesar.

Y es que, siempre tropezamos en la misma piedra del camino, no avanzamos en lo referente a mejoras sociales, años de lucha por conseguir una ansiada justicia social, sindicatos, grupos de gremios, el colectivo de autónomos empeñados en ello y vemos que por desgracia en el terreno de lo social los avances son de tortuga, desde hace años, mucho antes de mi jubilación de la que ahora disfruto, se hablaba de la conveniencia de realizar Fondos de Pensiones de cara a cumplimentar lo que a todas luces se sabía era una carencia, el porcentaje de la pensiones a corto, medio y largo plazo era una prestación de carácter precario, ningún pensionista disponía de la cuantía que esperaba ni para las mínimas necesidades, las cotizaciones que sobre todo las que se establecieron para los autónomos, era tan raramente actualizadas, que aún cotizando por las bases máximas, no al alcance sobre todo de quienes se iniciaban en esta carrera de obstáculos eran prohibitivas, con lo cual al cotizar por bases mínimas al final, quedaba una miseria que difícilmente servía para subsistir.

Para muestra un botón, mi caso:

Conseguí llevar a cabo un Plan de Pensiones, procuré ingresar la cantidad de dinero que podía, pues ya no me permitieron por la edad subir las bases de mi cotización, me prometieron el oro y el moro, que si los descuentos en los impuestos referidos a los beneficios eran brutales, que en la Declaración del Impuesto sobre la Renta tenían tales y cuales beneficios y mil promesas que nunca vi realizadas; cuando llegó mi jubilación y quise rescatar tal Plan, resultó que tenía unos importantes descuentos, prácticamente lo que me había ahorrado, además había que pagar a Hacienda de una cantidad por aumento de patrimonio, que si patatín y patatán, lo cierto es que un veinticinco por ciento de mis ahorros se fueron al garete, un engaño a todas luces y aun tuve suerte pues en fechas posteriores, muchos de quienes habían contratado un Plan, no se dieron cuanta o no fueron debidamente informados y su dinero, o parte, fue invertido en bolsa, esos ahorros (garantizados) y los dientes de sierra de las inversiones se llevaron por delante a más de un ahorrador.

Hube de jubilarme por múltiples razones antes de la edad reglamentaria, la razón principal fue que nuestro cliente más importante, el Ejército, había recibido la orden de cesar en las compras por ajustes económicos, con lo cual la principal fuente de nuestros ingresos quedó eliminada de un plumazo y con la clientela de andar por caso no era suficiente ni siquiera para hacer frente a los gastos del negocio.

Otra razón también de no menos peso fue la colocación de bolardos en la calle, que, debido a su estrechez, no permitía siquiera parar en la puerta de la Tienda, lo que suponía un inconveniente para los clientes que venían fuera de las proximidades del Barrio.

Todo ello nos llevó a plantearnos la jubilación anticipada, si fue difícil el inicio de la actividad como trabajador autónomo, ni que decir tiene que la jubilación y además anticipada no lo iba a ser menos:

— Presentación de los Boletines de Cotización en Autónomos.

— Certificado de haber cotizado por trabajo de cuenta ajena sumado a los años de autónomos de al menos cuarenta años.

— Baja en Actividades económicas.

— Declaración del motivo, justificado, del adelanto de la jubilación y mil documentos que gracias a mi Gestora me fue más fácil.

La segunda parte, llegó con sorpresa incluida, por cada año de adelanto de la prestación había un descuento del ocho por ciento, en mi caso tres años significaba un descuento de un veinticuatro por ciento, que restado de la baja cotización quedaba una cantidad tan ridícula que no quiero ni mencionar aquí.

Nuevamente llegaron a nuestra casa los momentos de zozobra:

— ¿Nos jubilamos, con todas las consecuencias o no?

— ¿Aguantamos tres años más afrontando los gastos del negocio: Luz, Agua, Comunidad de vecinos, Teléfono, Gestoría, Seguridad Social, etc.?

— ¿O nos liamos la manta y tiramos como podamos adelante?

Fueron días de auténtico debate, de muchos números, de poner en la balanza lo positivo (dejar atrás tantas pagatelas, eludir responsabilidades, quedar libres de obligaciones, respirar un poco de vida y eso, lo otro, lo de en medio y lo de más allá).

Al final hubo consenso familiar y se produjo la Aventura de la jubilación.

Disponíamos de una cantidad del Plan de Pensiones, que como ha quedado explicado exhaustivamente anteriormente, era pan para hoy y nada para mañana, así echamos manos de sumar a nuestra mísera pensión, una Renta Vitalicia por el local de la Tienda, antes hubimos de liquidar los materiales y maquinas de la Tienda y del taller, no fue fácil deshacerse del inventario, recurrimos a los proveedores que algunos entendieron la situación haciéndose cargo de los artículos, eso sí con un precio que incluyera "sus" beneficios, pero mejor eso que nada, otros mediante rebajas extra les fuimos liquidando y las máquinas y parte de las herramientas de Taller, las malvendimos a un taller del gremio.

Aquí paz y después buscar quien se hiciera cargo del local, bien en compra, renta, traspaso lo que fuera, la mejor opción creo que fue la de una Renta Vitalicia y ahí claudicaron todos nuestros encantos y proyectos para el futuro.

Mi mujer y yo, nos mirábamos y mirábamos al Cielo, todo había concluido y pensábamos que de la mejor manera posible, además el consenso con nuestros hijos fue de conformidad y los años que nos quedaran por delante las preocupaciones ya no tenían que agobiarnos, la paz valía la pena, a la edad en que se produce la jubilación generalmente quedan pocas ganas de iniciar nuevas Aventuras y ahora tocaba disfrutar del deber cumplido, de haber contribuido con nuestro trabajo y esfuerzo a conseguir una bien merecida jubilación, en ello andamos y a ello dedicamos la mayor parte de nuestros días.

Cuando se peinan canas, cuando las arrugas no sólo del cuerpo también las del alma están presentes, son pocas las apetencias o el interés por las cosas.

¿Qué a colación de a qué viene este comentario?...

Pues sencillamente a que llegado a esta altura del escrito, cuya pretensión era resultara un "Ensayo", formato literario en el que no me muevo con facilidad, lo mío es la redacción continuada, de una novela con un personaje en quien depositar todo el peso o el argumento de la misma, o de una autobiografía novelada, la vida en sí misma de cualquiera es ya de por sí una novela, pero mi compromiso era llegar a las cien páginas y pienso y espero cumplirlo, no me resulta fácil, se me ha acabado el carbón y creo se me está viendo el plumero, triquiñuelas como la separación de párrafos para avanzar en el contenido de páginas, etc. Dan idea de este tipo de divagaciones que como recurso reconozco son de una pobreza sideral.

No obstante, quiero cumplir con la ortodoxia de lo que significa crear un "Ensayo" literario, estoy respetando, al menos hasta este momento las "leyes" de este tipo o género de trabajo:

— Desarrollo de ideas a base de argumento o análisis de un hecho.

— Interpretación subjetiva y veraz del tema.

— Breve, monográfico, libre.

— Ético, personal, político, social.

— Estructura libre, introducción y conclusión.

Hasta aquí, creo cumplir con lo políticamente correcto, a pesar y lo reconozco públicamente que no es mi forma de pensar, de hacer y de comunicar, lo mío es la rebeldía, romper moldes, no seguir pautas preestablecidas, andar por mi libre albedrío, respetando las normas hasta cierto punto y no dejándome encasillar en titulitos más o menos considerados como ortodoxos.

A la vista está que incluso mis divagaciones, hasta pueden resultar molestas al lector por carecer de forma y fondo, pero a mi tanto me da, he repetido en innumerables ocasiones que para mí esto de la escritura es un mero pasatiempo, no pretendo escalar cotas para mi inaccesibles y en todo caso las opiniones al respecto me traen al fresco, seguramente mi admirado Umbral, se esté revolviendo en su tumba al contemplar que uno de sus asiduos lectores, se ha convertido en infiel discípulo y ha roto los moldes considerados como formales. "Aquí estoy para hablar de mi libro" (dixi)

No pretendo pedir disculpas, al fin y al cabo esto es un encargo y solamente servidor será responsable del mismo, si argumento todo lo anterior es producto de mis carencias y siempre queda el corta y pega, en este caso más bien el corta, a sabiendas que lo que aquí pretendo es llegar cuanto antes a las prometidas cien páginas, con esto también pretendo demostrar que no todo lo que se escribe y lee, por ahí, se puede denominar literatura, bodrios de semejante calado como el de estas últimas páginas, rellenos para cubrir páginas, se publican y a veces cuando uno está contemplando semejante disparate se pregunta:

— ¿Esto es posible haya salido de la pluma de un autor que se califica como tal, como escritor?

No puedo dar crédito, como tampoco a estas mis últimas páginas, acojonado estoy, saber la bronca que me espera cuando mi Editor lea semejante patraña, pensará: ¿A este tío se le ha ido la olla, o tal vez dirá, será que se ha ido por cerros de Batuecas y no estoy a la altura de comprender, qué pretende?

Pues querido Editor, ni lo uno ni lo otro, es una simple demostración de que hoy día poner negro sobre blanco, no es tan difícil, si se tienen las tripas necesarias para ello, la cara tan dura que tanto guste o disguste, se da por hecho que todo es posible en Jaén.

Y voy a dejar por ahora de poner gilipolleces, pido perdón por la grosería, también por todo este último sinsentido, espero me visiten las musas, espero como decía Picasso, me encuentren trabajando, mi intención es esa, aunque insistiendo en que no es de recibo lo que he escrito en esta nefasta última hora, que me perdonen no solamente mi Editor, sino las diosas Atenea, Artemisa y todas las deidades del Olimpo.

He decidido, poner fin a este sinsentido y disparatado escrito, he comprendido que no siempre a falta de pan buenas son tortas, que es mejor dejarlo y reconocer mi falta de ideas o argumentos para continuar por este sendero, que sólo puede conducir a un abrevadero de aguas putrefactas que, por dignidad personal, lo mejor es dejarlo aquí y ahora, sin más dilación; pero como Pilato digo:

— «Lo escrito, escrito está»

Vale…

VIII
Nada como la familia

Hoy en una comida familiar, con las limitaciones que supone tener que guardar las medidas de seguridad recomendadas por el Gobierno ante la situación de la pandemia Covid-19, me he dado cuenta, ya era hora, de la distancia además de física, sobre todo la carencia de ese calor familiar que me parecía debe acompañar a todo clan familiar que se precie.

He notado, y quiero dejar claro que es mi apreciación subjetiva, indiferencia, criterios diferentes, incomprensión, sobre todo por mi parte, divergencias, diferentes objetivos, poca comunicación y tal vez nostalgia de otros tiempos pasados.

Me estuve preguntando durante el tiempo de duración del evento, si no sería falta de motivación por parte de los míos, pareciera que no había más remedio que asistir a esta invitación, daba la sensación de estar saturados y hartos de reuniones como esta, poco menos que obligados por un deber no impuesto de atención a los mayores, por no desairar, por no humillar; en definitiva, porque no quedaba otra.

No recuerdo haber cruzado una pequeña conversación salvo los protocolarios saludos con ellos pero sin especial interés, tal vez la diversa forma de vida contraste inequívocamente en estos encuentros, fugaces, rápidos, sin objetivos concretos, vamos a comer juntos pero cada uno por su lado, daba la impresión y así se lo comentaba a mi mujer de haber estado comiendo con, ya no digo amigos, sino con unos conocidos vecinos que coincidimos en el restaurante por casualidad, ¡hola como estáis y poco más!

He sentido nostalgia de otros tiempos no tan lejanos, cuando era una verdadera fiesta familiar reunirnos para celebrar cualquier acontecimiento, hoy he notado esa falta de entusiasmo, de alegría por el encuentro nos hemos ido distanciando, sin apenas darnos cuenta, entiendo que las circunstancias de la vida de cada cual llevan a este tipo de situaciones, pero me cuesta trabajo entenderlo, me causa tristeza y me pregunto si será que no merecemos la atención deseada por nuestra parte, como decía al principio de esta disertación, no soy objetivo en el discurso sino subjetivo, en fin en cualquier caso habrá que poner pie en pared para que estas situaciones, si se producen sean muy diferentes, al menos por nuestra parte de mi mujer y mía, así intentaremos sea.

No conocemos qué tipo de problemas, les atañe, no sabemos apenas nada de sus situaciones laborales, de sus proyectos, que seguro tienen, creo que les importamos en cierto modo como familiares allegados que somos pero con un modus vivendi tan diferente que suponen estamos a años luz de comprender y aún menos compartir nuestras vidas con las suyas, tal vez estén cargados de razón y no somos capaces de estar a la altura de formar parte de su manera de vivir, el tiempo espero ponga a cada cual en su sitio.

Parece que he vuelto a mis andadas, con este tipo de pensamientos, no quiero sea conceptualmente producto de mi pesimismo enraizado y de difícil erradicación, conste que lo intento otra cosa es que lo consiga pese a todo no cejo en el empeño.

Habíamos quedado en que era el momento de las "Venturas", así que tendamos un tupido velo y avancemos en el uso y disfrute de un autónomo del Siglo XX, claramente y también notorio eso es así, sólo hay que rascar un poco en nuestras vidas y se verá que, a pesar de los pesares, no tenemos motivo alguno de queja.

Estamos debidamente capacitados para reconocer que nuestra forma de vida, la que llevamos mi mujer y yo mismo, sin ser la ideal, sí es la posible, mantenemos una salud con cuidados (me asalta la idea de decir paliativos) que nos van facilitando las múltiples visitas que puntualmente nos tienen prescritas los médicos, revisiones periódicas, informes médicos precisos, atención personalizada no solamente por los médicos de atención primaria también por los diferentes especialistas de las distintas disciplinas que nos afectan. En fin, llevamos una vida ordenada, libre, sin ataduras de ningún tipo, lo deseado, a veces echamos de menos motivos de expansión, pero reconocemos frecuentemente que la dictadura de la edad no perdona y aquí sí es donde encontramos algunas limitaciones.

Con todo, y esto es comentado frecuentemente por mi mujer y un servidor, si echamos la vista atrás, vemos que personas de nuestra edad aproximada, están en unas condiciones de inferioridad respecto a la apariencia física, forma de deambular, muchas muletas, cochecitos y aparatos ortopédicos, sin embargo nosotros gozamos, a Dios gracias, de movilidad independiente y voluntad de ir y venir a discreción donde nos plazca, nuestra disciplina en deambular al menos una hora al día creemos es lo que además de una alimentación reglada nos mantiene con ese aspecto de aparente juventud, hemos podido constatar la cara de sorpresa de alguien cuando decimos la edad que tenemos lo que nos sitúa en nuestra realidad.

Por todo ello, estamos obligados a erradicar de nosotros todo aquello que pueda parecer negativo, por fortuna tampoco tenemos queja de cómo nos va la vida y de cómo entendemos nosotros tiene que ser, a veces reconocemos nos venimos abajo ante la mínima contrariedad sin pararnos a pensar que es una minucia comparado con lo que se ve a diario por esas calles de Dios.

Me está pesando mi comentario anterior respecto a la familia, no tengo derecho a pensar así, me consta se desviven por nuestros asuntos, están pendientes de nuestra vida y milagros, en el momento que tienen noticias de que andamos de médicos enseguida nos están llamando para ver qué nos han dicho o hecho, por eso tal vez en caliente y sin pararme mucho a pensarlo he puesto el comentario anterior, insisto pura apreciación mía que puede estar a años luz de la realidad, estas divagaciones o devaneos, son producto de mi febril imaginación, qué le voy a hacer.

Por cierto, ha llegado el final de las vacaciones de nuestro hijo, que trabaja en Roma, ha pasado con nosotros cuatro semanas de vacaciones en las que hemos gozado mi mujer y yo mismo de su presencia, necesaria para nosotros, hemos viajado, realizado visitas esporádicas y sobre todo convivido unos inolvidables días con su presencia.

No hay bien o mal que cien años dure, hoy es un día difícil para mi mujer y para mí, estamos más o menos acostumbrado a este tipo de situaciones, no nos acostumbramos y menos hemos creado callo, cada vez que se produce una ausencia de este tipo, nos invade una soledad inconmensurable, el vacío que nos deja en nuestras vidas es muy difícil de llenar, lo aceptamos porque el día que tomó la decisión de esta forma de vida estuvimos a su lado apoyando su decisión, faltaría más, siempre hemos estado aprobando las decisiones en cualquier terreno que decidieran nuestros hijos; pero eso no quita que cada vez que se produce una separación nos sangre el corazón, las redes sociales y las video llamadas nos han suavizado mucho estas ausencias, así que sólo nos queda desearle buen viaje, éxito en sus trabajos y hacerle constar, él ya lo sabe, nuestra adhesión a todo lo suyo en cualquier terreno en el que se desenvuelva su trabajo, ¡Buen viaje hijo! Y que Dios te acompañe siempre.

En otro orden de cosas, he tenido un encuentro "esporádico", con mi antiguo compañero de trabajo, que estuvo presente en la reunión de aquella convocatoria de la que salió el grupo ZapaNorte, lo encontré en un bar de la zona al que no voy con frecuencia, pero sí para invitar a algún cliente o representante de manera puntual.

— ¡Hombre le dije, ¿Tú por aquí?

— Sí, contestó

— Casualmente, he venido a esta zona Norte de Madrid, con el encargo de buscar un local, para establecer la segunda de las tiendas que la empresa tiene programadas al efecto de situar en los cuatro puntos estratégicos de la capital una de las cuatro franquicias que tenemos programadas para llevar adelante.

— Como tú te negaste, continuaba diciendo, tan siquiera a hablar del tema, según nos informó el jefe, la empresa ha decidido que en lugar de los furgones de reparto que recorren la capital, fijar cuatro puntos que abarquen los distritos de nuestra acción y de esta forma además de reducir gastos, establecer estos puntos.

— Nos hemos unido a la recién creada marca ZapaNorte, nosotros añadiremos un número a medida que vayamos inaugurando las tiendas, en la actualidad disponemos de dos: ZapaNorte I, en la zona Este de Madrid, ZapaNorte II, en el Sur y pretendemos crear ZapaNorte III, precisamente aquí en el Norte de la capital.

— Posteriormente ya tenemos muy avanzadas las conversaciones para hacernos con un local en el extrarradio de Madrid y poner ZapaNorte IV, en Aravaca.

Yo le dejé que se explayara, se le veía con un interés natural en restregarme por la cara, mi negativa a entrar a formar parte de esa juego, digo juego porque estratégicamente era una jugada de ajedrez, de libro, compraban locales a precio de ganga, lo de menos era la situación más o menos rentable, se trataba de eliminar empleados, furgonetas de reparto y ofrecerles a los futuros tenderos una local personalizado con las indicaciones impuestas por la firma ZapaNorte, que supe de boca de este antiguo compañero mío, habían creado unos Estatutos que necesariamente había que respetar.

Me contaba el funcionamiento con el entusiasmo de como si hablara con uno de los empleados de la empresa y tratara de llevar el agua a su molino. No tardé mucho en darme cuenta de que poco menos que me estaba ofreciendo encuadrarme en la futura ZapaNorte III de la que yo sería el gerente.

El organigrama, me decía, funciona de la siguiente forma:

— Una vez localizado y adquirido en propiedad el local elegido, con unas características exigidas, había que cumplir con las normas de los Estatutos de la marca personalizando el local, de ello se encargaba la Franquicia.

— El gerente de la tienda en calidad de autónomo, antes conductor repartidor empleado de la empresa, si no quería ser despedido, tenía que aceptar no solo el suministro de material de la nueva tienda, sino la propia facturación de taller y venta con el nombre de la empresa anterior, este autónomo, que además de hacer frente a todos los cargos inherentes a la actividad, recibiría un veinticinco por ciento de los beneficios de la actividad de nueva creación, se veía obligado a aceptar estas condiciones o caso contrario se vería en el paro.

Servidor, no salía de su asombro, la jugada además de ser perversa, o lo tomas o lo dejas, era comercialmente rentable para la empresa, si salía adelante el asunto todos ganaban, si fracasaba, nada se perdía, quedaba el local libre de gastos y prácticamente sin inversión de ningún tipo e indemnización al pobre empleado autónomo, que como siempre cargaba con la peor parte. (Me había prometido no volver a tocar este asunto y mira por dónde…)

Otro asunto, que bien podríamos denominar del "orden del día", en este caso de la noche, es lo ocurrido en nuestro domicilio y que por aquello de: «A falta de pan buenas son tortas», voy a plasmar aquí.

Resulta que, en nuestra casa - digo casa porque no es un edificio al uso -, de lo que generalmente constituye la mayoría de viviendas de Madrid, en esta ocasión nuestra vivienda es una antigua casa familiar, que en épocas pasadas se consideraba lo que llamaban un "Hotelito" en el campo, los pudientes de entonces se construían una vivienda para esparcimiento de toda la familia, generalmente numerosa que habitaban como segunda residencia sobre todo en los veranos.

Aquí en un lugar privilegiado, rodeado de gran arboleda de pinares y no muy lejos del centro de la capital, tenían esta construcción para disfrute familiar, generalmente eran familias adineradas y en este caso además pertenecientes al gremio de arquitectos varios miembros de la misma. La construcción es de unos cien años de antigüedad, consta de cuatro plantas, con sótanos, la parte de atrás todavía hoy en uso, es una precioso jardín, con parterres de plantas variadas, un recoleto merendero rodeado de una enjaulada floresta de diversas plantas enredaderas con una mesa de mármol central que junto a una piscina que en tiempos fuera un estanque con pececillos de colores hacen las delicias de sus moradores, dispone la casa de una terraza abierta cubriendo toda la extensión de la vivienda, las vistas son espectaculares, en un altozano de la ciudad, que como un periscopio da vista a los cuatro puntos de la capital.

En definitiva, una situación de privilegio que con el paso del tiempo ha ido quedando en el centro neurálgico de Madrid, con servicios de lo más variado, transportes, incluido el Metro y una singular creación de servicios de todo tipo que hacen que la vida de los habitantes sea más que placentera.

Con el tiempo, fueron deshaciéndose los antiguos propietarios de la misma, la parcelaron en cuatro pisos por cada planta y dieron razón a aquel dicho: «Los pobres de hoy, son los nietos de los ricos de ayer», la evolución de la vida trae estas consecuencias, no siempre deseadas, lo cierto es que ya no queda ningún miembro de aquel clan, fueron vendiendo la propiedad por partes hasta liquidar toda la casa, quienes otrora fueran los dueños y señores de todo el edificio, hoy una diversidad de nuevos propietarios, dieciséis, habitamos tan singular casa.

Pero me he desviado del acontecimiento de marras, que iba a describir. Pasada la media noche a eso de las tres de la madrugada, una serie de golpes, ruidos a todas luces impropios de la hora, nos despertaban y con angustia escuchábamos, al fin y al cabo, no hace falta prestar mucha atención, pues estamos puerta con puerta y se oye y cotillea todo.

Una voz autoritaria decía:

— ¡Oiga, está usted bien!, seguida de fuertes golpes.

— Sí, contestaba la voz, de al parecer una mujer, como si se tratara de haberse quedado encerrada en el cuarto de baño.

— Bien, contestaba quien preguntaba, sin duda una autoridad policial.

— ¿Necesita algo?, continuaba diciendo el policía, cuando de pronto una nueva voz rompía el silencio gritando:

— ¿Por qué has tenido que venir a perturbar nuestras vidas?

— ¿Quién te ha facilitado las llaves para que entres en casa?

Seguido de una serie de intervenciones, ininteligibles, que denotaba había pasado lo que al principio parecía se trataba de una bronca familiar que no pasó a mayores.

Poco después, se supo que se trataba de la hermana de dos de las vecinas del piso, extranjeras, que de forma frecuente los propietarios del inmueble alquilan por temporadas a diversos inquilinos, estudiantes, gentes de paso por un tiempo determinado y vecinos que apenas conocemos debido a su breve estancia en el piso por el que pasan sin pena ni gloria, es decir apenas mantienen contacto con el resto de vecinos.

Pues bien, siguiendo la secuencia del caso, este nuevo familiar que había tratado de obtener las llaves de la vivienda a través de los propietarios, resultó que estos se encontraban de vacaciones y de ahí los golpes para que le abrieran, cosa que, al parecer, se produjo por la intervención policial, pues las hermanas no querían la presencia de un nuevo miembro.

Afortunadamente son hechos fortuitos, que generalmente no se producen con frecuencia, somos pocos vecinos y nos conocemos todos de hace muchos años, ocurre que este piso es de unos propietarios que lo alquilan al mejor postor y poco o nada les preocupa quienes lo habiten mientras paguen religiosamente lo acordado, la verdad es que pese a la variedad de personas que han pasado por el piso, es la primera vez que se produce un hecho semejante, con lo cual el resto de vecinos poco o nada tenemos que objetar al respecto, son hechos que se producen debido al giro que está tomando el sistema de vida de la gran ciudad y que antropológicamente resulta cada día más frecuente, aunque nos cueste aceptarlo, como queda de manifiesto, los arrendatarios son de variada condición, en él ha habido desde estudiantes, músicos, familias migrantes, gente de color, en definitiva casi siempre extranjeros sin posibilidad de continuidad para entablar con ellos lo que se conoce por convivencia vecinal, a veces nos hemos cruzado en la escalera y tal vez, quiero pensar, por no dominar el idioma, no han correspondido a nuestro saludo, en fin «*C'est la vie*». Así es la vida…

IX
Vaciando el alma

Y... nuestro hijo se fue, le acabamos de dejar en el aeropuerto, sólo nos queda la esperanza de verle, si Dios quiere en las próximas fechas de Navidad y Año nuevo, ya falta menos, ahora nuestra principal preocupación, como la mayoría de los habitantes del planeta tierra, es controlar, convivir y si es posible vencer esta pandemia de coronavirus que han denominado Covid-19, con quien llevamos ya más de seis meses batallando, cada vez es más difícil, la mayor parte de la gente, sobre todo joven, se lo toma a pitorreo y así no hay forma de vencerla, el tiempo dirá lo que haya de decir y pondrá a la gente en su sitio, no sin antes haberse llevado un millón de personas por delante, cantidad de contaminados, secuelas impredecibles sobre todo de índole económico y un pandemia más que pasará -Dios quiera antes que tarde- dejándonos una gran lección sobre todas, de que con la Naturaleza no se juega, tendremos que aprender a respetar los ciclos naturales de la misma, si no queremos volver a las andadas.

A nuestro hijo le espera a su llegada pasar por una serie de pruebas cuando no una cuarentena prescrita para todo viajero procedente de entre otros muchos países, de España particularmente.

Nos hemos quedado huérfanos de su presencia, de los viajes que hemos realizado este verano atípico por razones de la puta pandemia, hemos estado limitados en nuestras salidas, aunque también hemos gozado más tiempo libre de su presencia en casa, y ahora pues a esperar sus fotos, los lugares de sus actividades y esperar y esperar que lleguen de nuevo las fechas de su venida, como el turrón por Navidad.

Cuando comencé con este trabajo, me propuse ser honesto y veraz en mis comentarios, no me he tapado y he vertido lo que es mi modo de pensar y actuar ante situaciones que se me presentan, sin exageraciones, aunque fiel a la realidad de los hechos, tampoco con ánimo de aleccionar y mucho menos pontificar, allá cada cual con su interpretación mi idea es no molestar aunque tal vez sí remover alguna conciencia, si lo logro o no, tanto me da, no es el objetivo principal.

En este sentido y viendo que ya se acercan las páginas finales, quiero plasmar mi idea de lo que quiero sean también mis últimos días, aunque no es fácil prever, eso no depende de uno, tampoco que parezca un testamento, sino mis intenciones mondas y lirondas.

Al respecto, en una ocasión me preguntaron en el médico de Atención Primaria, entre otras muchas, una que me dejó un tanto descolocado, y es que cuando llegara mi hora final, dónde quería morir si en mi domicilio o en el hospital, decididamente contesté que, en el hospital, caso de tener que aplicar medios paliativos en casa es siempre, además de traumático, más difícil.

Vivir en Madrid, a nadie se le oculta, es un infierno, cada día se complica más la convivencia, nuevas etnias y migraciones en constante evolución, calles abarrotadas a todas horas, tiendas y grandes superficies con colas para todo, también para ir al baño, masificación en los transportes públicos, una forma de vida más bien soportable por los jóvenes que por quienes alumbramos además de canas una alopecia galopante.

Es cada día más difícil y se va llevando a base de transitar siempre, o casi siempre, por las mismas calles, los mismos centros de compras, rutinas grabadas a fuego porque en el momento que sales de tu ámbito, servidor al menos, te sientes extranjero, no reconoces ni siquiera tu barrio, es tanto y tan rápido el cambio, que cuesta asimilarlo y a ciertas edades entenderlo.

Por eso mis líneas maestras para un futuro, inmediato en mi caso, son las de ir acomodando nuestra forma de vida en la medida de lo posible, y si llegado el momento que esto se hace imposible, tirar de nuestra segunda residencia, en el pueblo que con ese objetivo hemos ido manteniendo en el tiempo, sabemos que las atenciones médicas en el entorno rural no tienen las prestaciones que en la capital y eso es lo que hasta el momento nos ha ido alejando de vivir allí, tampoco es necesario sea definitivamente, existe la posibilidad, hay gente que ya lo hace, de pasar temporadas y el resto en atención médica en la capital.

Me propongo ir preparando la casa, que al estar la mayor parte del tiempo deshabitada presenta alguna deficiencia, para lo cual iremos trasladando de lugar aquellos recuerdos que han de quedar para la posteridad, no dejar líos a nuestros herederos, todo al día para que les resulte más fácil, yo le he indicado a mi esposa, algo que ella no quiere ni oír hablar, y es que llegado el caso de mi fallecimiento que por regla general ocurre antes que en las mujeres, se instale en la casa del pueblo, además con la media pensión que les queda a las viudas y en este caso de autónomo, tendría que hablar con los que intervienen en la Renta Vitalicia de la Tienda, cederles el uso y disfrute sin esperar al fallecimiento de ambos conyugues y posiblemente incrementar ésta, amén de olvidarse de las pagatelas que siempre están ahí presentes.

Me parece raro, estar hablando de estas cosas tan personales, pero por no incurrir en ocultamiento alguno, me ha parecido puestos a vaciarme para qué andar con triquiñuelas ocultando algo que inexorablemente ha de ocurrir, ojalá sea más tarde que pronto.

En todo caso a la hora de recapitular, mi vida ha transitado por caminos a veces unos complicados, otros con ayudas y los más de forma normal y buena prueba de ello es mi avanzada edad -por cierto, he de dar gracias a Dios una vez más-, y empiezo a preguntarme:

— ¿He hecho méritos para que me hayan sido concedidos los años de los que he disfrutado?

— ¿Habré dilapidado todo este espacio concedido en fruslerías o, por lo contrario, me he esforzado en aprovecharlo y ser referente para mis hijos?

Tal vez, no sea yo quien deba responder a estas y otras muchas preguntas, que con cierta frecuencia y más últimamente me hago, espero sean mis actos quien respondan por mí. Mis padres me dieron un claro ejemplo de esto, yo sólo he tenido que seguir las huellas que me dejaron marcadas, para no perderme en mi mar de dudas, dentro de sus posibilidades, pocas, me dieron una educación al alcance de muy pocos de su clase humilde, los sacrificios para que servidor obtuviera estudios fueron muchos y espero no haberles defraudado, sería imperdonable por mi parte no corresponder haciendo otro tanto en el ámbito de mi familia, creo y lo digo con satisfacción, que en este sentido me siento orgulloso del deber cumplido.

Seguramente me haya excedido en datos personales, que sólo interesen a mi mujer, hijos y en último caso a servidor; pero tampoco es caso de ocultar nada y creo todo el compendio de este "Ensayo" corresponde fielmente a filosofía de la temática de las Venturas y Desventuras de un Autónomo de finales del siglo XX y primeros de este.

De manera que estoy convencido de que, si casualmente cayera en manos de alguno de mis colegas este tratado, espero comulgarán con las ideas aquí expuestas sin adornos ni vendajes de ningún tipo, la cruda realidad de los hechos y nada más, estoy seguro de que cualquiera de ellos podría relatar una historia muy parecida a ésta, sin apenas despeinarse, sin tachar nada de lo aquí dicho. Es de una brutal actualidad y lo que me queda por señalar, son las mejoras que tendrían que aportarse a este colectivo tan maltratado por la Administración, siendo la sangre que mueve la economía local en todos los casos, a veces las grande empresa que mueven tantos y cuantos millones, que dan empleo a miles de trabajadores, al final la mayor parte de beneficios se evaporan en otros asuntos, inversiones, ampliación de locales, fuga de capitales y no quiero abundar más en ello, sólo hay que contemplar el patrimonio enorme de la Banca, Telefónica, Eléctricas, Automoción y lo dejo aquí para tampoco hacer leña del árbol caído.

Conozco casos realmente sangrantes de autónomos que después de haber dejado lo mejor de sí mismos, de sus vidas, al final se han encontrado con un agujero en las manos por donde se escapa todo el caudal que esperaban recoger, fruto de su esfuerzo, de sus ahorros, sacrificios para el mañana y hoy se encuentran con las manos vacías cuando no hipotecados, entrampados de por vida, por eso prefiero dejarlo aquí y centrarme en lo que me atañe personalmente.

Sin embargo, sí quiero que sea una denuncia abierta del trato que los pobres autónomos sufrimos, estamos sufriendo y, si Dios no lo remedia, seguiremos sufriendo.

Hay que tener madera de héroes para no sucumbir. Iniciarse en semejante viaje, sin armas, sin salvavidas, con todo en contra es misión imposible y la desesperación a veces logra sacar adelante pese a todo, pequeñas empresas que constituyen el tejido empresarial, si se quiere más primario y elemental, gracias a estos anónimos la sociedad laboral tiene en su mano las herramientas para analizar situaciones que a veces por la macroeconomía cada vez más acaparadora no deja ver la realidad.

Cuántas veces hemos oído decir que hay que consumir en los barrios, que las grandes superficies son maquinas de acabar con el proceso generado por las pequeña y medianas empresas, las tiendas de barrio llevan como bandera la atención personalizada del cliente y no sólo los beneficios, a veces entras en una gran superficie y no encuentras ni un solo empleado, excepciones hay, que te resuelva tus dudas, que te indique e incluso te acompañe hasta el lugar que se encuentra lo que andas buscando desorientado, escéptico a punto de salir del establecimiento con la sensación de que ha cambiado todo tanto, que ya no estás a la altura de las circunstancias. Y te vas, sin más.

Eso sí, la preocupación principal de la Administración del Estado son los impuestos, ahí no hay discriminación, no se permiten demoras, si acaso un aplazamiento con los recargos correspondientes al respecto; pero facilidades ninguna de tal manera que la peor parte de este tipo de cambios estructurales en la industria del comercio, siempre la pagan los mismos, los pequeños y medianos autónomos. Siempre nos toca bailar con la más fea.

X
Por si le sirve a alguien

Quiero dedicar este último capítulo, al que por fin he llegado, pese a las mil y una dificultades que he encontrado, en primer lugar, para pedir disculpas por mi atrevimiento al traer aquí este tipo de consideraciones, que para nada quieren ser presuntuosas o estar por encima del bien y del mal, no, no es esa mi pretensión, aunque a veces pueda parecerlo.

En segundo lugar, dejar constancia de que para nada y en ningún sentido quiere ser un vademécum para nadie, ha sido la libre expresión de mis sentimientos, vivencias, bondades e intolerancias por parte de este humilde autor, como ha quedado claro a lo largo de este Ensayo Literario.

Si, después de haberme abierto en canal, no he conseguido mi objetivo, vano habrá sido mi esfuerzo, si por el contrario sirve para animar a alguien a embarcarse en esta Aventura, como es la de ser autónomo, bien habrá valido la pena.

En todo caso aseguro que algún valor tiene este trabajo, como es la sinceridad y simpleza de exposición de temas que, aun no dominándolos han formado parte muy importante de mi vida y milagros, reconozco que haberme metido en estos "libros de caballería" ha sido todo un reto y también una insolencia por mi parte.

Podía haber sido satírico, sardónico, sarcástico y sin embargo me he mantenido en una sinceridad rayando la excelencia y por ello me siento satisfecho.

Me he arriesgado a ser vituperado, ridiculizado, estigmatizado y mil epítetos de semejante corte; pero no me importa, creo que no me he dejado nada en el tintero, me he explayado a gusto, espero haya valido la pena, personalismos aparte, creo haber cumplido sobradamente con el objetivo propuesto.

He tratado el tema lo mejor que me ha sido posible, dadas las carencias reconocidas tanto en el aspecto literario, en la fluidez de expresiones, en la temática tan engorrosa del mundo de los autónomos, en el cual cada individuo es un ente diferente, por ello insisto en que este es exclusivamente mi caso y que para nada quiere ser comparativo con el resto, habrá quien haya sufrido en sus propias carnes las vicisitudes aquí enumeradas y otros, aún más y peores.

Aprovecho también, como no podía ser de otra manera, para agradecer a uno de mis hijos el haberme inyectado el veneno para llevar adelante el Ensayo, sin su apoyo y ánimo yo hubiera tirado la toalla hace tiempo, queda de manifiesto que sin su compromiso para corregir mis infinitas faltas de dicción, ortotipografía, sintaxis, gramática, etc. este autor no hubiera obtenido ni flores, ahora le queda a él llevar y finalizar el proyecto, también para mi otro hijo agradecer el coñazo que le espera con tener que leer este tratado, sacando tiempo de su descanso, pues la dirección de un colegio de tamaño grande donde presta sus servicios no le deja espacio para siquiera leer o dedicar su poco tiempo libre a otros menesteres.

Pretendo dejar de meter morcillas, recurso empleado por los actores cuando no encuentran el hilo del texto del autor de la obra viéndose en la necesidad de improvisar, con cuidado para no cambiar el sentido de la obra y que uno de los curas de mi Parroquia emplea asiduamente; pero hoy me ha sorprendido y disgustado bastante, contemplar lo que ya se ha denominado con un rótulo, en las noticias de la televisión:

— «Las colas del hambre».

Puede parecer una noticia más entre tantas, es más el tono con el que los presentadores de la televisión lo hacen, lleva a pensar que es una noticia de tantas que se manejan en los medios a diario y no, niego la mayor…

¡Qué pena!, lo atribuyen, lo achacan al Covid -19, pero yo entre líneas leo y veo a no pocos trabajadores autónomos, que además de haberse quedado en tierra de nadie, arruinados, sin expectativas, sin ayudas, se han visto obligados además de tener que cerrar sus pequeños negocios, por no poder atender a los gastos, alquileres, teléfono, luz, etc. nadie se ha preocupado de crear un ERTE o un ERE, como en las grandes empresas y el sindicato ATA, mira de soslayo para otro lado, impotentes, incapaces de abarcar semejante tropelía.

Una vez más, aunque sirva para nada, mi denuncia pública ante esta ignominia y falta de solidaridad por parte de las Autoridades Estatales, que tienen como principal filosofía aquello de:

«Tente mientras me pagas».

Ciento y una veces he sentido impotencia, vergüenza, ante situaciones que por desgracia cada día se van a ir multiplicando, si alguna cabeza pensante no pone remedio.

Quiero solidarizarme, en mi condición de jubilado con tantos jóvenes que han puesto lo mejor de ellos mismos, su juventud, sus proyectos, sus ambiciones en lograr una armonía laboral para sus vidas, han estudiado, están mejor preparados que nosotros y sin embargo han naufragado, ser autónomos como ha quedado dicho, es cosa de héroes, cuando debería ser lo más apoyado y rentable, toda vez que en ese empeño se pone lo mejor de cada uno de nosotros.

Estoy de acuerdo en que los tiempos cambian a velocidad de vértigo y lo que hoy puede parecer óptimo se convierte mañana en mor a estos cambios en algo trasnochado, tal vez la figura del autónomo tienda a desaparecer bajo la dictadura y las garras de los grandes; pero una mano o tal vez las dos a quienes han optado por esta forma de ganarse la vida es desde todo punto de vista más que necesaria, yo diría que de total justicia.

En mi caso, puedo asegurar haber encontrado la cuota de felicidad que corresponde a mi esfuerzo por cuanto no puedo ser objetivo en esta disertación y reconozco también que el tema está agotado por mi parte; siento vergüenza y rubor por haber hecho de este trabajo una autobiografía sin pretenderlo, este pastiche de ideas, esta macedonia de asuntos, este ir a salto de mata ha dejado al descubierto que mi pretensión y deseo ha podido más que la idea primaria de este tratado.

Quienes me conocen -mis amigos-, dicen que escribo como hablo, seguido, en directo, tal cual, no sé si están intentando que lo entienda como un piropo o como un contenido vacío que directamente no les aporta nada, me consta que escribir no consiste en ir poniendo una letra tras otra, una palabra seguida de una frase más o menos ocurrente; pero en mi caso confieso que es lo que hay en el hondón de mis conocimientos, no doy más de sí.

Me disculpo por estar todo el tiempo poniendo pronombres personales como: "mis", "mí", "yo", "me", "servidor", estos personalismos, entiendo no son fruto de un feroz egocentrismo, más bien muletas para llevar a término mi tarea y hablando de muletas a toro pasado me doy cuenta de esta abundancia de adjetivos posesivos.

Hay veces, cuando estoy frente al espejo, soy consciente de los cambios que se están efectuando en mi persona, cambios físicos producidos por ley natural, huellas indelebles que dejan el paso de los años, espero que sea solamente en el aspecto físico no en el intelectual o espiritual, aquí no debe haber deterioro más bien crecimiento, si no habrá sido un fracaso muy personal, pues el cultivo intelectual no es asunto de la naturaleza sino más bien del individuo, también es verdad que esto se produce a largo plazo y es francamente difícil darse cuenta de ello.

Siento envidia de los triunfadores, sin embargo tengo un lugar preferente para los fracasados, tenemos ejemplos suficientes en nuestra sociedad en ambos casos, es fácil aspirar al triunfo, rechazamos de entrada el fracaso y sin embargo cuando escuchamos declaraciones de alguno de los triunfadores, ejemplos hay, como Amancio Ortega, que sabemos es una persona hecha a sí misma, empezó vendiendo bragas y batas de andar por casa y gracias a su tesón, esfuerzo, trabajo y cómo no también a su mucha suerte ha alcanzado cotas de éxito indiscutibles, en cambio con esos mismos mimbres otros muchos siguen metidos en el lodo hasta las trancas, es como dicen los actores de cine o teatro, que nunca se sabe en qué consiste el éxito o fracaso de una película o de una obra, es una especie de misterio que nadie sabe desvelar.

Quiero que las últimas páginas de este: ¿libro?, ¿tratado?, ensayo?, ¿Confesiones?, ¿reflexiones?, no encuentro el calificativo pertinente, cada lector encuentre el que mejor convenga, pues como digo, deseo dedicarlas a modo de agradecimientos.

Agradezco sobremanera, a quienes hayan llegado en la lectura de este libro hasta aquí, sin antes haber hojeado, buscando, tratando de llegar al final, descubrir de que se trata, etc.

Uno escribe dando rienda a sus sentimientos, convencido de sus habilidades recónditas, sin tener en cuenta, como es mi caso, que luego vendrán las críticas y que uno obscenamente trata de ignorar.

También mi agradecimiento muy sincero, a mi hijo que me puso en el disparadero, tal vez a sabiendas de mi petulancia en esto de la literatura, mi pretensión ahogada con este tipo de publicaciones, mis ansias de triunfo y de llegar a más lectores posible, transitando las movedizas tierras de la edición y publicación de cualquier escrito, sin medir las fuerzas, resultando tal vez cansino y seguramente de un aburrido superlativo, si no,

— ¿A qué tanta disculpa?

— Si estuviera convencido de haber hecho bien las cosas, no andaría en la tesitura de verme "negro" para terminar estas cien páginas y ojalá mi Editor, me diga lo que quiero oír:

— Algo tendrá el agua cuando la bendicen.

¡Amén!

En Madrid,
Septiembre de 2020

FIN

INDICE

I - Vuelo sin paracaídas 5

II - Las desventuras 17

III - El tiempo pone las cosas en su sitio 27

IV - Nunca como hoy 37

V - Las venturas 49

VI - Cinco años sin vacaciones 59

VII - Autónomos unidos 69

VIII - Nada como la familia 77

IX - Vaciando el alma 87

X - Por si le sirve a alguien 93